空間認識能力の育成をめざす天文分野の学習指導

岡 田 大 爾 著

風 間 書 房

まえがき

　街中や山中での方向・方位の感覚，地図・案内図・組立図の理解，プラモデル・ブロック・パズル遊び，ゲーム，スポーツ，運転，室内レイアウト，動線シミュレーション等，日常生活において空間認識能力を必要とする場面は多い．また，自動運転や機械操作，建設・土木・部品の設計，3Dプリンタ，3D映画，手術支援等，医学，理学，工学，ファッションや各種製品のデザインに至るまで幅広い分野の多くの技術や学問を支える意味で空間認識能力は，重要な能力とされている．さらに，空間認識能力は，将来の経済的優位性をもたらす能力の分野としてあげられる STEM (Science, Technology, Engineering, Mathematics) や Art 等で重要視され（例えば，Humphreys et al., 1993; Shea et al., 2001; Casey et al., 2001; Nuttal et al., 2005; Wai et al., 2005），就職試験の SPI にも取り入れられており，以上のように比較的身近かで，かつ切実なものでもある．

　その一方で，空間認識能力は，さまざまな認識能力の中でも最も性差や個人差が大きく，かつ，最も習得難易度が高い能力の1つと考えられている．

　筆者は，幼少時ダイヤブロック，将棋，プラモデル，ものづくり等にはまっていたが，中学・高校の天文や物理，空間図形，軌跡等の学習では，結構苦戦した思いがある．転機が訪れたのは，大学2年生の時である．当時中学・高校の教科書を書き換える程の発見をしている日本中の研究者から研究室来訪を受けていた小池敏夫教授から各研究者の地質図を見せてもらい，その画期的な研究を支える地質図の重要性を強く感じた．小池教授の地質図学の授業の中で数々の褶曲や断層が入り交じった地質構造を読み解く際に頭の中でその立体を予測し，イメージすることに，現在日本古生物学会会長の真鍋真氏（恐竜学）ら同級生と繰り返し挑戦した．また，実際に野外調査の際

に山中で地形と地図の照合から現在地と方位を知り，様々な地点の観察データから地質構造を推測し続けた．それ以来地質・天文学習を通した空間認識能力の形成について強く関心を持ち，中学校教諭となってからも研究を続けてきた．近年は，リベラルアーツ各学科の中で学生の空間認識能力の平均が高い順に地学＞物理学＞美術＞化学＞数学＞生物学＞環境科学＞心理学となることを明らかにしたコライアンとパウェル（Colaianne & Powell, 2011）の研究や他の様々な研究から，地学領域が空間認識能力を育成する上で大変効果的であるとともに理科の他領域や美術科，数学科，技術科，家庭科，体育科，地理科等の効果も検証されてきた．米国では，国際競争力強化の目的で，全米アカデミーの米国学術研究会議空間思考学習支援委員会（Committee on the Support for Thinking Spatially, National Research Council of The National Academies 2006）も，幼・小・中・高校教育での空間認識能力育成を目標として，国家レベルで多分野の空間に関する図解を蓄積したサーバを構築し，その活用例を示した包括的なレポートを公表している．日本においても，理科や数学，地理，美術，技術，体育等様々な教科で空間認識能力に関する研究が行われている．

　これまで述べてきたように，空間認識能力に関する研究は国内外で多数実施されているが，各教科固有の観点に基づく調査が中心であり，教科を越えた能力の解明は不十分である．理科教育においても各研究者間で空間認識能力の実態調査や指導法の評価が独自の指標で行われ，理科の授業実践・改善において統合的に取り扱うための研究の蓄積は十分ではなく，結果的に継続して空間認識能力を高めるカリキュラムや指導方法の工夫・改善は，教育現場においては不十分と言えよう．

　また，近年，心理学や脳科学等の急速な発展によって，空間認識能力の育成に関わる重要な知見が発見されているものの，これまでは，これらを天文分野の教育に十分に応用されていなかった．

　上記のような課題を克服するために，空間認識能力を取り巻く，さまざま

な知見を取り入れて教材・教具の開発や指導法の改善，教科を超えた汎用能力の開発等に包括的に活用する必要がある．

　本書は2016年，広島大学に提出した学位請求論文「空間認識能力の育成をめざす中学校理科天文分野の学習指導に関する研究」に若干の加筆修正を加えたものである．本研究を進めるにあたって多くの方々からご教示ご鞭撻を賜った．

　まず，学位論文の主査として終始一貫し，懇切丁寧なご指導，ご助言をいただいた広島大学大学院教育学研究科の林武広教授（当時）（現在比治山大学副学長）に衷心より感謝の意を表する．

　また，学位論文の審査委員として貴重なご意見，ご指導をいただいた広島大学大学院教育学研究科の磯﨑哲夫教授，井上弥教授，松浦拓也准教授に心より感謝の意を表する．そして，的確なご助言をいただいた石井眞治比治山大学学長，木下博義広島大学教職大学院准教授に心より感謝の意を表する．

　さらに，研究の過程において多くの小学校及び中学校の先生方，子どもたちにご協力をいただいた．特に，授業実践及び調査において，小野瀬倫也氏（実施当時：東京学芸大学附属竹早中学校教諭），松永武氏（実施当時：山口大学附属山口中学校教諭），龍岡寛幸氏（広島大学附属東雲中学校教諭），土井徹氏（実施当時：広島大学附属東雲小学校教諭）に長期間に渡り多大なご協力をいただいた．これらの先生方に心より感謝の意を表する．

　横浜国立大学学部生・院生時代に指導教官であった小池敏夫教授をはじめ教室の先生方には，研究，教育に対する考え方の基本を大変懇切にご教授いただいた．また，十数名の地学系や理科教育系の学会会長をはじめ数多くの傑出した研究者，教育者を輩出した教室には，1年時から教員と学生が自由闊達に深く議論する風土が有り，先輩・同級生・後輩には多大な刺激を受けた．さらに，当時の栗田一良教授，関利一郎教授，木谷要治教授，福岡敏行助教授，森本信也講師，院生の松森靖夫氏に本研究のきっかけとなる深いご議論をいただき，その後も研究を励ましていただいた．特に，森本信也日本

理科教育学会前会長と松森靖夫日本地学教育学会前副会長には，今日まで多くのご教示とご鞭撻を賜った．これらの先生方に心より感謝の意を表する．

　また，郷里の広島に帰り，中学校教員として研究を続ける中で，当時の広島大学大学院教育学研究科の武村重和教授，角屋重樹教授，柴一実教授，山崎敬人教授，前原俊信教授，岡山大学大学院教育学研究科の藤井浩樹教授，竹野英敏広島工業大学教授，小倉康国立教育研究所主任研究官，及び山極隆，江田稔，清原洋一歴代文部（科学）省教科調査官に授業観察指導を含めて研究の進め方や日本の教育課程についてご教示・ご議論をいただいた．これらの先生方に心より感謝の意を表する．

　さらに，心的回転課題をご提供いただき，心理測定学についてご指導いただいた日本図学会の堤江美子会長（当時），椎名久美子副会長，鈴木賢次郎元会長，山口泰前会長，鈴木広隆前副会長，名古屋大学名誉教授で，広島国際学院大学理事（当時）の横澤肇先生に心より感謝の意を表する．

　最後に，研究を進めるにあたり，最も身近で終始温かく，かつ，厳しく見守り，教育者，教育研究者としてのあるべき姿をご指導賜った広島大学元副学長で，広島大学経営協議会委員，広島国際学院大学学長補佐・教授の間田泰弘先生が，本書校了日の朝，急逝された．本書の刊行を喜んでくださった先生に本書を捧げるとともに，ご遺志の継承をお誓い申し上げる．

　尚，本書の出版に対しては，独立行政法人日本学術振興会平成29年度科学研究費助成事業（科学研究費補助金）（研究成果公開促進費　課題番号　17HP5238）の交付を受けた．関係各位に感謝申し上げたい．

　また，学術書の出版の厳しい折柄，本書の出版を快諾して下さり，ご支援いただいた風間敬子社長，校正等に一方ならぬ御世話をいただいた斉藤宗親氏をはじめ，株式会社風間書房の方々に深甚なる謝意を表したい．

2018年1月9日

岡田大爾

目　次

まえがき
序　章　研究の背景 …………………………………………… 1

第1章　研究の目的
　第1節　空間認識能力の概念規定 ………………………………… 5
　第2節　空間認識能力と中学校理科天文分野の理解に関する
　　　　　理論的検討 ……………………………………………… 23
　第3節　本研究の目的とその方略 ……………………………… 27

第2章　空間認識能力の評価方法の検討
　第1節　空間認識能力に関する先行研究と問題の所在 ………… 29
　第2節　教科内容（天文分野）固有の空間認識能力を調べる
　　　　　簡易評価法の考案 ……………………………………… 35
　第3節　汎用性が高い空間認識能力の評価法 ………………… 42
　第4節　まとめ …………………………………………………… 43

第3章　天文分野の教育課程の相違に基づく空間認識能力の比較分析
　第1節　天文分野の教育課程の変遷 …………………………… 47
　第2節　昭和52年改訂学習指導要領と平成10年改訂学習指導要領
　　　　　のもとで習得した空間認識能力の比較 ………………… 48
　第3節　まとめ …………………………………………………… 63

第4章　空間認識能力を育成する教材・教具及び学習指導法の検討
　第1節　空間認識能力を育成する教材・教具に関する先行研究と
　　　　　問題の所在 ………………………………………………………… 65
　第2節　空間認識能力を育成する教材・教具及び学習指導法の開発 …… 74
　第3節　開発した教材・教具及び学習指導法の効果の検証 …………… 77
　第4節　開発した教材・教具及び学習指導法に対する
　　　　　現職教員の評価 ………………………………………………… 91
　第5節　空間認識能力を育成する集団構成法の開発と効果の検証 …… 106
　第6節　まとめ …………………………………………………………… 144

終　章　本研究の総括と今後の展望
　第1節　本研究の成果 …………………………………………………… 149
　第2節　今後の課題 ……………………………………………………… 153

引用・参考文献 …………………………………………………………… 157
付属資料 …………………………………………………………………… 169
あとがき …………………………………………………………………… 175

序　章　研究の背景

　『空間認識能力』(Spatial ability) は，空間に関する様々な命題やイメージ等を用いながら，空間の構造や実体，関係等を認識，操作する能力としてSTEM (Science, Technology, Engineering, Mathematics) やArtで重要視されている（例えば，Humphreys *et al.*, 1993；Shea *et al.*, 2001；Casey *et al.*, 2001；Nuttal *et al.*, 2005；Wai *et al.*, 2005）．また，全米アカデミーの米国学術研究会議空間思考学習支援委員会 (Committee on the Support for Thinking Spatially, National Research Council of The National Academies 2006) も，幼・小・中・高校教育での空間認識能力育成を目標として，国家レベルで多分野の空間に関する図解を蓄積したサーバを構築し，その活用例を示した包括的なレポートを公表している．

　国内においても，空間認識能力を育成するためのさまざまな教科教育研究が行われている．しかし，美術教育の宮下・柴田（1997）や清田（2013）などの位相的・射影的・ユークリッド的相互関係表現，体育教育の藤井ら（2014）や後藤・瀬谷（2010）のサーヴェイ的視点・ルート的視点，他視点取得，技術教育の松浦・松本（1998）や三浦ら（2010）の立体認識能力・作図能力，算数・数学教育の國本（1997）や上月（2011）の念頭操作能力，理科教育の松森（1983）や土田・小林（1986）の視点移動能力等の用語がそれぞれ用いられるなど各教科固有の文脈に依存しており，共通・汎用の空間認識能力を扱った研究は少ない．

　日本における教科としての理科では，「エネルギー」，「粒子」，「生命」，「地球」などの科学の基本的な見方や概念を柱として理科の内容が構成されており（文部科学省，2008），このうち「地球」においては地質や気象，天体など地学領域の内容が取り扱われている．このような地学領域の学習におい

ては，時間的・空間的スケールが大きい事象が多数存在するため，時間概念や空間概念が重要であるという指摘が古くからなされている（栗田，1982）．

　地学領域で扱う対象は，他の領域と異なり，時間・空間ともに学習対象に対する条件の制御や再現性を直接確認する実験を行うことは困難であり（林，2002），これを補うために，鮮明な写真や動画，立体的に見える図解等が示され，立体モデルや星座早見盤，PC教材等のさまざまな教材・教具が開発されてきた．

　特に，天文分野では，児童・生徒の実態として視点移動や方位認識の困難さといった課題があることが報告される（間處・林，2013；藤川・林，2015）など，理解が困難な分野の1つとされており，その克服に向けて従来から心理学的な手法も取り入れた研究が実施されてきた．小学校1年生を対象とした左右概念に関する具体的あるいは心的視点移動（松森，1983），小・中学生を対象とした月の満ち欠けや惑星の相対的な公転角速度，天球上の天体の動きに関する心的視点移動（土田・小林，1986），小・中学生を対象とした月や地球の影に関する心的視点移動（益田，2007）等のように，単純な空間の認識ではなく，心的視点移動といった高度な思考操作が重要であると考えられているが，各研究者で調査法は異なっている．また，これらの研究は，具体的視点移動，心的視点移動，位相的・射影的関係・ユークリッド的関係等，発達心理学の分類を用いた数少ない研究であるが，Piagetらによる研究の知見に基づいており，その後の心理学の発展に伴う新知見を取り入れたものではない．

　一方，平成15年度教育課程実施状況調査（国立教育政策研究所，2005c，p.7）では，中学校の「天体の学習において，視点を変えると正しく思考できない状況がみられる．」という課題に対して，「視覚的にとらえにくい現象については，モデルとの関連を図り実感を伴った学習を行いながら思考を深めるような指導が大切である．例えば，生徒が天体相互の位置や動きなどを理解するためには，空間的にとらえて思考することが重要であり，生徒の空間認識

を補うためにモデル実験を工夫し実施することなどが有効である．具体的な操作を通して，様々な視点から天体相互の位置や動きを認識させるとともに，思考場面を重視した指導が大切である．」との提言がなされている．

　これまで述べてきたように，空間認識能力に関する研究は国内外で多数実施されているが，各教科固有の観点に基づく調査が中心であり，教科を越えた能力の解明は不十分である．理科教育においても各研究者間で空間認識能力の実態調査や指導法の評価が独自の指標で行われ，理科の授業実践・改善において統合的に取り扱うための研究の蓄積は十分ではなく，結果的に継続して空間認識能力を高めるカリキュラムや指導方法の工夫・改善は，教育現場においては不十分と言えよう．

　また，理科の中でも天文分野は，古くから複雑な時間・空間概念を育成するのに最も適しているとされ，空間認識能力を高める目的で立体モデルやPC教材などが数多く開発され，研究されてきた．しかしながら，上述してきたように，国立教育政策研究所等が行う各種調査で依然として空間認識能力に課題が見られることから，その原因について検討する必要がある．

　国内外の多くの天文教育研究を概観すると，各研究者で調査の内容・方法が多様なうえに，静的な視点移動能力の研究が中心であり，動的な空間認識能力に焦点を当てた研究が進んでいない．これらの研究では，空間概念の発達段階と教材を理解するための空間概念のレベルの適合性等は検討されてきたが，学習者がどのような内容を学習すると，空間認識能力の中のどのような能力や概念が習得できるのかについての研究が十分ではなかった．

　また，空間概念が形成されたとの判断は，開発した教材・教具で学習後，天文関係の問題が解けるかを調べることが中心であったが，これでは，真の意味で，他の教科等にも応用可能な汎用の空間認識能力が身についたというには不十分であった．これらは，空間認識能力形成の程度を判断する客観的な「ものさし」がなかったことが，主な原因と考えられる．

　今までは，明確な「ものさし」がなかったために，さまざまな教科や日常

生活から育成されていると考えられる空間認識能力の準備状況の把握や学習の到達目標の設定,教材・教具の教育効果,教育方法の評価等が困難であった.

また,近年,心理学や脳科学等の急速な発展によって,空間認識能力の育成に関わる重要な知見が発見されているものの,これまでは,これらを天文分野の教育に十分に応用されていなかった.上記のような課題を克服するために,空間認識能力を取り巻く,さまざまな知見を取り入れて教材・教具の開発や指導法の改善に活用する必要がある.

第1章　研究の目的

　序章で述べたように，空間認識能力に関する研究は，心理学や各教科教育等の様々な領域において行われているが，空間認識能力のとらえ方は，各領域間や各研究者間で必ずしも一致してはいないようである．そこで，まず，本研究で扱う空間認識能力の概念規定を行う．

　本章では，まず空間認識研究の基盤と考えられる発達心理学，実験心理学，心理測定学の各知見からのアプローチを整理し，本研究における空間認識能力の概念規定を行う．そして，その概念規定をもとに問題の所在を明らかにし，本研究の目的を設定する．

第1節　空間認識能力の概念規定

1.1.1　発達心理学の知見からのアプローチ

　Piaget & Inhelder（1948；1967）は，4歳から12歳までの子ども100名に大きさ，位置，色，及び頂上にのせる物体が異なっている3つの山（図1-1）をさまざまな視点から眺めさせ，その見え方相互の協応を調べた．具体的には，子ども達に図1-2のA点に座らせて模型を見させ，小さな人形をB，C，Dというように場所を変えて置いて，それぞれ様々な角度から眺めた山の絵を10枚見せて子ども達に人形の位置から眺めて描いた絵を選ばせ，その結果から次のような知見を得た．

　前操作期の子どもは（約6歳半まで），自分の位置から眺めた山の絵

図1-1　三つの山の模型
（Piaget *et al.* 1967より）

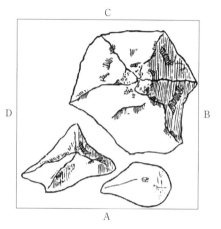

図1-2 三つの山の実験
(Piaget *et al.* 1967より)

を選び出す．子ども達は，たとえ人形の置かれた位置まで行って，そこから山を眺め自分の選んだ絵をチェックする機会を与えられたとしても，依然自分の座っている位置から見た山の眺めに固執する．

具体的操作が出現（7～9歳）するにつれ，見る位置の違いが区別されだしてある種の射影的関係が形成される．まず，前－後が正しく区別され，次に左－右が区別される．しかしながら具体的操作の最終的な均衡（9～11歳頃）を待たねば，この2つの図式（前－後，左－右）が互いに協応されない．こうした発達を踏んで，子ども達は自分自身の視点と他者の視点との違いを区別することができるようになる．形式的操作期（11～12歳以降）になると形式的操作が発達し，はじめて協応された参照系が達成される．この協応された参照系の概念には，比例的な縮尺や，距離の精度，距離座標といった射影的並びにユークリッド的空間特性を安定させた参照系へ協応していく．

これらのPiagetらの研究に対して多くの追試研究がなされ，多少の批判もある（田中，1968；Borke, 1975；Eliot & Dayton, 1976；Flavell, 1977；Hobson, 1980；Hirata, 1983；宮崎，1983；子安，1990，1991；鈴木，1991，1993；林・竹内，1994；渡部，2002）．

批判の主な方向の1つは，課題に少し手を加えただけで大きく異なる反応が生じるという批判であり，もう1つは，Piagetらの記述よりも正答がより早い年齢で可能ではないかという疑問である（渡部，2002）．

前者については，「3つの山問題」で慣例的に用いられる，構成課題，カ

ード選択課題，地点選択課題のうち，いずれが容易であるかという基本的な問題についても，追試研究間で必ずしも結果が一致しなかった．一般的には容易な反応方法であるとされるカード選択課題を，10度刻みで撮ったスライド写真を用いて実験すると，大学生でも自己中心的エラーが生じたという報告もある（Eliot & Dayton, 1976）．こうした不一致の主な原因は，反応方法ごとの問題数や偶然正答率などが研究間で異なったり，同一研究内でも厳密に統制されていなかったりすることにある（子安，1990）．反応方法の違いが結果を大きく左右するのでは，いずれの方法で能力を判定すればよいのか定めることができず，「三つの山問題」は「どちらかというとノイズが多く感度の低い測定具」であると了解される（Flavell, 1977；子安，1990）ようになった．

　後者については，例えば Borke（1975）は，提示刺激の知覚的複雑性を極力低減することで課題固有の情報処理に要する認知的負荷を削減し，3・4歳児にも8割を越す正反応を見いだしている．これに対して林・竹内（1994）は，Boke 課題が容易であったのは，子どもの領域特殊性に考慮して視点取得能力のみを純化させたからではなく，課題自体が Piaget が本来測定しようとした射影的空間認識操作を必要としないものに変質してしまった可能性を示した（渡部，2002）．

　その後，新ピアジェ派の研究者達は，学習者の知的操作レベルと教材レベルの照合を行い，論理操作能力の促進を図った．その1つである CSMS（Concept in Secondary Mathematics and Science）は，Shayer ら（1981）が開発した中等学校の理科と数学のカリキュラム評価プロジェクトである．図1-3の第Ⅰ相では，生徒の発達段階を評価するため Piaget が行った科学的推論課題（SRTs）を生徒達に課す．一方の第Ⅱ相では，理科や数学の内容の1つ1つを理解するのに必要とされる論理操作の内容を分析する．そして，第Ⅲ相では，第Ⅱ相で分析した内容が第Ⅰ相で分析した学習者の発達段階よりも高いレベルを要請していれば，それは，彼らの学習内容として適切でないと判断される「生徒の認知発達と理科・数学の内容理解のために必要とさ

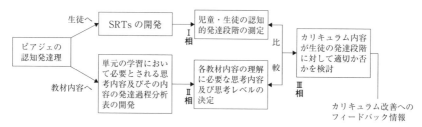

図 1-3 CSMS のカリキュラム評価方法（森本，1983 より）

れる論理操作内容との適合システム」を構築した．しかし，この CSMS の方法には，次の課題が考えられる．

(1) 表 1-1 に示す空間認識の課題のように，科学的推論課題（SRTs）に用いる Piaget が行った課題は汎用性の高い課題ではあるが，各教科の教材を考えるには，抽象的なために，生徒の認知発達段階と各内容を理解するために必要とされている論理操作内容との適合度の判定が難しい．

(2) 教材内容を理解するのに必要な論理の分析をすることが可能でも，このような論理の流れは教授意図にしたがうものであり，子ども達が主体的に探究的な学習を行う際に各学習集団が同じような論理にしたがって学習を進めていくという保障はない．つまり，ここでの作業は論理操作の内容が授業前に先決しなければその妥当性を得られないことになる．

これらの課題を解決するために各教科の教材を考えるには，抽象的な SRTs にかわって，教材内容にある程度近く，客観性・信頼性・汎用性が高く，さらに学習者の思考レベルに近く，かつ学習意欲を高めるテストの開発が求められる．できる限りこれらの条件をみたし，かつ簡易に実施できるテストが望ましい．

また，CSMS のカリキュラム評価方法のアプローチでは，個々の学習者の空間認識のレベルが把握できたとしても，学習集団全体の空間認識のレベルを見て，単元の学習において必要とされる思考内容及びその内容の発達過程分析表の開発，そして，各教材内容の理解に必要な思考内容及び思考レベ

表1-1 SRTsの課題［空間認識］(Shayer & Adey, 1981を茶木, 1983が翻訳)

発達段階	得点	1 びんと水	2 山・家・木	3 おもり	4 並木道
前操作期	0	びんの中に水が入っていることはわかる。水面がない。	木と家は、山と無関係に描かれている。		
前操作期 1	1	水面はある。しかし、びんを傾けたときも水面はびんの底と平行。	木と家は、山の表面に対して直角である。(山の表面は水平ではない。)	おもりは、ほとんどびんの側面に平行。	遠近法を用いていない。道路のように対して直角に描かれた木々。
具体的操作期 (前期) 2A	2 (3)	びんを傾けたとき、水面は右図のようになっている。しかし、水面は一様に水平ではない。	いくつかの物体は、まだ、山の表面に対して垂直ではない。	質問をしていくとおもりのつり糸は垂直だと言う。絵にすると右のようになる。	木はまっすぐ描いてあるが、まだ遠近法を用いていない。
具体的操作期 (後期) 2B	4	試行錯誤によって結果を見出す。まちがえているが、質問をしていくうちに、そのまちがいに気づく。	1点～2点のまちがいがある。質問によって正しい結果を見出す。	正しい。	道路がずっと続いているように描ける。
具体的操作期 (後期) 2B または それ以上2B+	4,5,6	正しい。試行錯誤をしなくても理解できる。	正しい。		完全に遠近法が用いられる。木の大きさで遠近を示す。

ルの決定が行われるため，単元の大まかな学年配置や単元の学習順序等を考察する際には有効と考えられるが，特に個人差や性差が大きいと言われる空間認識能力を必要とする天文分野の学習内容においては，個人差に対応したさらなる工夫が必要となる．例えば，岡田（1985）は，天体分野において小学生から大学生の間に全体の平均としては徐々に視点移動能力が伸びるものの，視点移動能力を問う問題で小学生でも全問正解者がいる反面，国立大学の教育学部理科コースの大学2年生でも全くできない者が数名いる事例を示している．

以上の知見から，内容を理解するために比較的高度な空間認識能力を必要とする天文分野の学習において学習内容の理解とともに空間認識能力を伸ばすためには，次のような点を考慮する必要があると考えられる．

①学習前に個々の学習者の天文分野の学習内容に関連する空間認識能力の実態を把握しておく．

②実際の学習場面において必要とされる生徒の空間的な思考のレベルを推測する．

③①と②の比較を行って，学習者の空間的な思考を補助し，より高いレベルの空間認識能力を育成するための教材・教具の開発の参考とする．

④学習者の空間認識能力や問題解決方法の個人差に対応し，各学習者の空間認識能力を向上させ，かつ，学習内容の理解向上をめざす，教材・教具及び学習指導方法を開発する．

1.1.2 実験心理学の知見からのアプローチ

1970年代にPylyshynらは，空間認識（表象）する際に心の中の絵のように感じられるイメージも，実は命題によって表象されているのであってイメージ的な表象の存在を仮定する必要はないと主張して，イメージが心の中の絵であるというイメージ観を徹底的に批判した．これに対し，PavioやKosslynらは，素朴なイメージ観をそのままの形で認めるのではないものの，

絵のような幾何学的な特徴をもつ表象（つまりイメージ）も存在すると反論した．こうした論争は，Pylyshyn らの命題派と Pavio らのイメージ派によるイメージ論争と呼ばれ，この活発な論争の結果，イメージについての理解が深まった．

Pavio (1971；1977) は，イメージをより早く引き起こすような単語の方が，そうでない単語よりよく記憶されることや，イメージ能力の高い人の方が，低い人よりもよく記憶することを示している．そして，このような実験的裏付けから以下に説明するように，人間は心の中で情報を2つの形式で符号（コード）化する「二重コード説」を提唱した．

1つは，音声言語的コードで，聴覚的であり，意味する対象とは似ていない．イヌ－ネコといった対をリハーサル方略で記憶するような場合には，情報はもっぱら音声言語的なコードで蓄えられている．この場合，心の中にある情報は，イヌ，ネコという音声の形を取っている．

もう1つは，イメージで，言語記憶課題でイメージ化が行われる場合，情報は音声言語的な形によってだけでなく，イメージという形によっても蓄えられている．イメージ化方略の方がよく記憶できるのは，情報がイメージコードと音声言語的コードの2つの形式で蓄えられているからである．

音声言語的なコードが計時的で，分析的なものであるのに対し，イメージは，その対象となる事象を非言語的な，その事象の知覚にアナログな形で表現し，空間的で全体的なもので"絵のような"ものとされた．

それに対して Pylyshyn (1973) は，二重コード説の直観的なイメージ観を否定し，次のように主張している．

① イメージを"絵のような"ものとする「二重コード説」の把握は，内観に多く依拠しているが，内観で心的現象を説明することはできず，内観自体，他よりメカニカルなモデルで説明されなければならない．

② "絵のような"ものだとする見方では，イメージは静的にとらえられており，刺激の受動的な記録と再生の結果と考えられているが，人間がイ

メージを持っている時に持っている情報は人間の能動的な処理を経て構造化されたもの，つまり理解され解釈されたものである．例えば，ある図形を記憶し，再生する時，その図形内の意味のある小部分が思い出せなくなることはあっても，有意味なまとまりと無関係にでたらめに選ばれた小部分が思い出せなくなるようなことはないというような事実が説明できない．

③問題解決等の認知過程で人間がイメージを使っていると感じている場合でも，そこで使われている情報は，人間主体により理解され，解釈されたものである．例えば，三角形について，イメージを使いつつ何かを推論していく場合，そこで使われている情報は，三角形の"絵のような"ものに含まれている三角形の形態についての雑多な情報ではなく，三角形が3つの辺をもち，それぞれはつながっているというような，主体が三角形について理解した，解釈済みの情報である．

④未処理の"絵のような"ものとしてイメージを考えると，そのイメージを"読み"，理解し，解釈する"心の中の眼"を想定しなければならない．しかし，このような装置を想定する事は説明を与えることにはならない．つまりその場合は，"心の中の眼"をあやつる"心の中の心"を，また説明しなくてはいけない．

そして，Pylyshynは，イメージが心の中で，命題記述という形で存在しているとする「イメージ＝命題」説を主張した．

こうした「命題」派の批判を受けた「二重コード」説支持派，すなわち「イメージ」派は，イメージを持つ時，人間は心の中に"絵のような"形式をとる情報が存在するとし，それがイメージの機能をになう．イメージにとって本質的な部分なのだという主張を掲げて「命題」派に対抗した．論争の過程で，空間情報処理に関する実験的研究が数多く行われるようになった．

その中で最も有名な実験的研究が，Shepard & Metzler (1971) の心的回転課題（Mental Rotation Task：略称MRT）に関する実験である．図1-4に示し

たように，10個の同じ立方体を組み合わせて作ったものを遠近法を用いて描いた．ペアの線画はA・B・Cの3種類ある．これらを元に実験を行い，次頁の①②の結果を得た（図1-5）．

A：同一の物体を2次元空間上の異なる方向から見たもの
B：同一の物体を3次元空間上の異なる方向から見たもの
C：物体とその鏡像

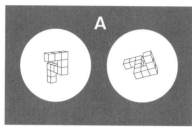
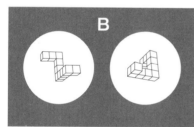
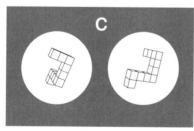
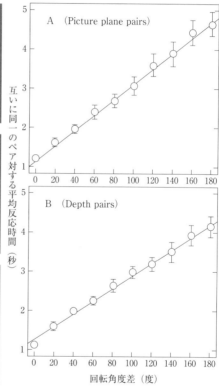

図1-4 心的回転課題の種類
（Shepard & Metzler, 1971より）
A：同じペア．画像平面上で80°回転
B：同じペア．奥行き方向に80°回転
C：違うペア．いかなる回転でも不一致

図1-5 同一ペアに対する平均反応時間
（Shepard & Metzler, 1971より）
A：画像平面回転ペア（Picture plane pairs）
B：奥行き方向回転ペア（Depth pairs）

①同一の物体を2つの異なる視点から描いた線画を照合するのにかかる時間は，2つの線画を照合するため，どちらかを回転させる角度にほぼ比例する．

②物体を平面上で回転した場合と奥行き方向に回転した場合とで時間的な違いはみられなかった．

　この結果から，被験者は物体のどちらか一方または両方の3次元表象を心的に回転していたことを示している．この時の回転速度は一定で，2つの物体が同じ方向になるまで（つまり，2つが同じ物体か否かを判断するのに単に照合だけすれば済むようになるまで）回転したと考えられる．実際，すべての被験者がイメージを利用して心的回転を行ったと報告した．さらに，刺激や課題を変えて，文字（例えば，Cooper & Shepard, 1973）や無意味な閉図形（例えば，Cooper, 1975），身近な物体（例えば，Jolicoeur, 1985）でも，やはり傾きの差に応じて反応時間の増加が見られる．

　一方，Shepard & Feng (1972) は，被験者がイメージ上で複数の回転操作を続けて行わなくてはならないときにも，同様の結果になるかを調査した．6つの正方形をつなげた立方体の展開図のうちの2つの正方形のふちに矢印を書いた心的折り紙（図1-6）を用いて被験者は展開図を組み立てた時に2つの矢印の先がくっつくか答える．灰色の面は底面として固定されている．被験者に与えた問題の半分は，図1-6の(a)のように矢印の先が合い，残りの半分は(b)のように合わない．実験の結果，すべての被験者がイメージを使って課題を行ったと報告し，先が合う場合の反応時間は，展開図の各辺を折り曲げる回数に応じて増加していた．

　さらに，図1-6の(e)のように矢印の先をくっつけるためには必要のない「余計なお荷物」でしかない面があると反応が遅くなった．もし，被験者がある種の言語的な推論を行っていたならば，2つの矢印の間の関係と無関係な情報を無視していたはずで，このように反応が遅くなったのは命題的ではなく，イメージ的な情報処理が行われていることを示しているとした．

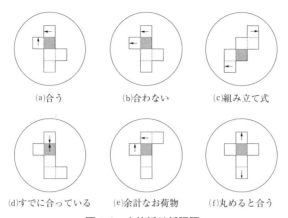

(a)合う (b)合わない (c)組み立て式
(d)すでに合っている (e)余計なお荷物 (f)丸めると合う

図1-6 心的折り紙課題
(Shepard & Feng, 1972より)

　また，図1-6の(f)のように4つの面が一列につながっていてその両端に矢印がある場合は反応時間が短くなった．この場合，1回の作業で「丸める」ことができ，4回折り曲げる必要がないからではないかと考えられた．

　Cooper (1976) は，各被験者の図1-5の反応時間を事前に調べた後，被験者に1つだけ図形を見せ，その図形が消えると同時にその図形のイメージを時計回りに回転し始めるように伝えた．その被験者の速さでイメージを例えば60°回転している頃を見計らって，60°傾いたテスト図形を提示した．そして，被験者にそのテスト図形が最初の図形と同じ図形か違う図形（鏡像）かをできるだけ素早く，できるだけ正確に判断させた．結果は，最初に提示された図形とテスト図形との間の角度差の大小にかかわらず反応時間は一定となり，被験者が一定の速さで視覚イメージを回転してテスト文字と同じになるようにしたためと考えた．被験者自身が心的イメージによってこの課題を行ったと報告した結果も，この解釈を支持するものだった．

　これらの結果から分かるように，イメージ上で対象を心的に操作する方法は，実際の対象を操作する方法と一致している（Shepard & Podgorny, 1978）．

Finke (1989) は，このような心的イメージの特徴を「変換等価性の原理」(The principle of transformational equivalence) と呼んでいる．

　近年，数多くの脳機能イメージング研究で，心的回転時の脳活動が調べられている．後部頭頂葉の活動強度は回転量と相関するという報告や，反応時間と活動の持続時間が相関するという報告もあることから，後部頭頂葉は心的回転の実行に関わっていると考えられる．心的回転課題を解くためには，物体の視覚的特徴の位置を回転させ，一方の図形の視覚的特徴の位置に他方の視覚的特徴を合わせるという座標変換を行う必要がある．一般に頭頂葉は空間配置の符号化や，視覚的注意に関わっていると考えられるが，特に，後部頭頂葉には空間内での対象物の位置を自分の身体を基準（自己中心参照枠）に表現しているニューロンや，体の向きに関係なく，環境内での位置を基準（環境中心参照枠）に表現しているニューロンが存在することが知られている (Snyder et al., 1998)．また，左右の頭頂葉が異なる役割を持つことも示唆されている．例えば，手の線画を刺激した課題では左頭頂葉が活動するのは，左頭頂葉に自己中心座標系の空間表現が存在し（乾，2007），自己の身体に関連した刺激を心的に回転する際，身体図式の座標変換が行われていることを反映していると考えられている．

　一方，運動関連領野の活動は，被験者が心の中で手を使ってイメージを回転させるシミュレーションを行って課題を解いていることを反映していると考えられている．たとえば，Shepard & Metzler (1971) の刺激図形を，実際に手を動かして回転させるイメージを作って心的回転課題を行った時と外力で動いているイメージを作って課題を行った時の脳活動を比較すると，前者の場合に運動関連領域がより強く活動することが報告されている (Kosslyn et al., 2001)．

　また，Wexler et al. (1998) は，参加者に2次元幾何学図形の心的回転と同時にジョイスティックのレバーを心的回転と同じ，もしくは逆の方向に回転させる課題を課した．その結果，ジョイスティックの回転方向と心的回転の

回転方向が逆の場合に比べ，回転方向が一致する場合の方が反応時間は短く，誤りも少なかった．このようにイメージ－運動間に相互作用が生じるのは，心的回転は運動の内的シミュレーションであり，シミュレーションには運動のプランニングと予測のシステムが関与しているからだろうと解釈されている．

　さらに，物体を手で操作して能動的に物体の景観の変化を観察することで後の認識が促進されることが報告されている（笹岡ら，2011）．

　心的回転時には運動産出に重要な役割を果たす運動前野や，空間処理に関与する上頭頂小葉が賦活するという Kosslyn *et al.*（2001）の実験結果は，これらの解釈を支持するものと思われる．

　これらの研究から，心的回転課題を解くときには，脳内に立体のイメージを作ってこれを回転させていて，心的回転時に，回転する方向と同じ方向に手を回転させることによって，反応時間を短くし，運動産出に重要な役割を果たす脳内領域と空間処理に関与する脳内領域が賦活することが明らかになった．

　これらの知見をもとに，天文学習において次のような改善策が考えられる．立体モデルを使って繰り返しシミュレーションしながら，具体的に図を描いて課題を考えることによって，脳内でイメージを形成しやすくなることから，探究的な学習等で立体モデル等を何度も手で動かしながら考え，そのイメージを描きながら深く考える機会を増やすことが有益と考えられる．

　また，立体モデルが使えないときにも，頭の中で動かしたい方向に手を動かして考えると，脳内でのイメージの回転等を行いやすくなると考えられる．

　さらに，近年のワーキング・メモリの研究から，眼球運動や身体運動が，脳内の空間情報の貯蔵に影響を与えることが確かめられた（たとえば，藤木・菱谷，2010：2011）ことから，立体モデルを操作して考えたイメージを立体モデルと切り離してワークシートやホワイトボードに書き込むことは，学習者にとっては，相当難しい作業と考えられ，空間認識能力が低い学習者には，

なるべく眼球運動や身体運動等をともなわない学習にする工夫が必要である．

これらの知見は，教材・教具を開発するときに，何も配慮されてこなかった以前の状況とは比べものにならないほど学習者の躓きを軽減する有益な情報と考えられる．

1.1.3 心理測定学の知見からのアプローチ

心理測定学の知見からのアプローチとは，簡潔に言えば空間認識能力を知能検査によって測定しようとするものである．Spearman (1904) は，知能の一般因子（g因子）を提唱し，彼が考案した方法で一般知能と各テストとの相関係数を計算した（表1-2）．彼が考案した相関係数は，真の相関係数ではなく，理論値に過ぎないが，彼は一般知能は数学的な架空の存在ではなく，真に実在すると考えた．これらの相関関係から知能は分解可能で，一般知能gと数多くの特殊知能 S_1, S_2, S_3 …の和からなるという2因子説を唱えた．一般知能gは，知的なすべての課題に影響する因子で，特殊知能sは課題ごとに異なる特殊な因子である．したがって，一般知能gに大きく関係する課題を選べば，知能を正しく推定できると考えた（村上，2007）．

表 1-2 各テストとgとの相関

テスト	gとの相関
古典	0.99
常識	0.98
音の弁別	0.94
フランス語	0.92
賢さ	0.90
英語	0.90
数学	0.86
音の弁別	0.72
音楽	0.70
明るさの弁別	0.57
重さの弁別	0.44

その後の研究では，空間関連因子が見られるようになった．その変遷を表1-3に示す（なお，未だに和訳が出版されていない語句は原語で記述した）．

Thurstone (1935) は，因子分析法を考案し，60の認知テストを240名の男子大学生及び大学院生に実施し，因子分析した結果 Primary Mental Abilities (PMA) として空間，数量，言語，帰納，推論，演繹，知覚，記憶，言語の流暢性の9つの因子を抽出した．市販テストで使

表 1-3 知能研究の特徴・研究方法と空間関連因子の変遷

研究者	特徴・研究方法等	空間関連因子
Thurstone & Thurstone (1941)	63のテスト　被験者：710名の8年生　多因子説　7つの基本的精神能力	Space Perceptual Process
Guilford & Lacey (1947)	米国空軍で用いられたテスト結果の分析	Spatial Relation Visualization
Roff (1951)	44のテスト　被験者：空軍候補生	Orientation Visualization Space Visual Pursuit
French (1951)	レビュー研究	Spatial Orientation Visualization
Zimmerman (1953)	Thurstone (1938) の再分析	Spatial Relation Visualization
Barrat (1953)	3つの言語課題と7つの空間課題　被験者：84名の大学生（問題解決方略の言語報告に基づく分析）	Spatial Relation Spatial Orientation Visualization
McGee (1979)	レビュー研究	Spatial Orientation Spatial Visualization
Lohman & Kyllonen (1983)	レビュー研究	Spatial Relations Spatial Orientation Visualization
Juhel (1991)	レビュー研究	Speeded Rotations Spatial Orientation Spatial Visualization
Horn & Cattell (1966)	流動性知能と結晶性知能の他に8因子を追加	Visual Intelligence (Gv)
Carrol (1993)	1980年代までの460以上の知能検査の結果を再分析．3層モデルを提案．	Spatial Relations Visualization
Schneider & McGrew (2012) CHC 理論	70以上の狭義因子の第1層の上に広範能力因子の第2層を置く．第3層 g は未定．	Speeded Rotation (SR) Visualization (Vz)

われる推理の因子は，帰納，推論，演繹を一緒にしたものである（Hogan, 2007）．Spearman がテスト間の相関は1因子で説明できるほど十分に高いと考えたのに対し，Thurstone は相互に独立の因子によって説明しなければならないほど相関は低いと考えた．その中で，Thurstone によってはじめて識別された空間因子とされた因子に0.4以上の負荷を持った課題が13個あった．それらの課題の共通の特徴として，要素に視覚的あるいは空間的なものが含まれている．空間因子に最も負荷が高かったのは，Flags 課題（旗の回転）であるが，これは，つまり2次元平面における心的回転課題である（Thurstone & Thurstone, 1941）．

　Thurstone によって同定された空間因子は，その後さらに下位分類の試みが行われた．Guilford & Lacey（1947）の Spatial relation（空間関係）と Visualization（視覚化）は，他の研究においても同義の因子が提唱されている．

　Zimmerman（1953）の研究では，心的回転課題（Mental Rotation Task：以下 MRT）のように短時間で解決できる比較的単純な課題に代表されるような空間関係因子と，展開図のように時間を要する比較的複雑な課題に代表されるような視覚化因子の2つの空間因子が見いだされている．

　その後，McGee（1979）が，パターン内の要素の配置を理解する能力や図形の配置方向が変わっても理解できる能力としての Spatial orientation と絵で示された物体を心的に操作，回転，ねじる，反転する能力としての Spatial visualization の2つの因子からなるとした．

　一方，Lohman & Kyllonen（1983）は，心的回転を含む問題を速く解決する能力として Spatial relations（空間関係）を復活させ，これに加え，異なる方向からの見え方を想像する能力として Spatial orientation（空間定位），速度に依存せず，より複雑なテストによって明らかにされる Visualization（視覚化）の3つの因子からなるとした．

　さらに，Juhel（1991）は，各種知能テストの相関関係を調べて，物体や形状を動かして心的に回転する速さの能力である Speeded rotation（SR）と異

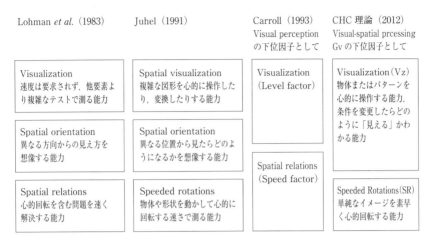

図 1-7　近年の空間認識能力の下位因子モデルの変遷（椎名，2014 より）

なる位置から見たらどのようになるかを想像する能力である Spatial orientation (SO)，複雑な図形を心的に操作したり変換したりする能力である Spatial visualization (VZ) の 3 つの因子からなるとした．

Zimmerman のように時間の要因（Speed or Power）と複雑さの要因（Simple or Complex）の 2 つの要因によって因子を分類するアイデアは，最近の Carroll (1993) や後述する CHC 理論でも引き継がれている．

Carroll は 1980 年代までの 460 以上の知能検査の結果を再分析し，空間認識能力については複雑な図形を心的に操作したり，変形したりする視覚化 (Vz) からなる Level factor（水準因子）と比較的単純な形状の心的回転を含む問題を速く解決する空間関係 (SR)，空所補充速度 (CS) 等を含む Speed factor（速度因子）に分類した．

さらに，Cattel と Horn の理論と Carroll 理論との統合を図った CHC 理論によると，複雑な物体またはパターンを心的に操作する能力，条件を変更したらどのように見えるか分かる能力である Visualization (Vz) と単純なイメージを素早く心的回転する能力である Speeded rotation (SR) の因子からな

るとした（Schneider & McGrew, 2012）．

椎名（2014）は，Lohman *et al*.(1983)，Juhel(1991)，Carroll(1993)，CHC理論（2012）の空間因子について，図1-7のようにまとめている．

1.1.4 空間認識能力のまとめと本研究における空間認識能力の定義

心理測定学や実験心理学，発達心理学的研究を中心とした先行研究のレビューに基づき，本研究における空間認識能力を以下に定義する．

空間認識に関わる能力については，主に心理測定学の知見からのアプローチにより人間の知能に関する研究の中で整理されている1つの因子としてとらえることができる．20世紀の膨大な知能研究をメタ的に分析した結果などによって構築されたCHC理論（McGrew, 2005, 2009）によると，知的能力として16の一般的な因子が示されており，その中の1つに視空間能力（Visual Processing：Gv）がある．視空間能力とは，「視覚的なイメージを作成し，記憶し，変形する能力．立体図を回転させるとどんな形になるかを判断したり，不完全な図形や曖昧な視覚図形を見て，何であるかを理解する能力」であり（村上，2007），日本の教科教育の分野でよく使われる空間認識能力とほぼ同義（以後，視空間能力を空間認識能力と呼ぶ）と考えられる．

この空間認識能力は，複雑な図形を心的に操作したり，変形したりする能力のVisualization（視覚化），異なる位置から見たらどうなるかを創造する能力のOrientation（空間定位），物体や形状を動かして心的に回転する速さの能力のRelation（空間関係）の大きく3つに分けられている（Lohman *et al*., 1983, Juhel, 1991）．

これに対し，Carroll(1993) は，Visualizationからなる水準因子とSpatial relationsからなる速度因子に，CHC理論のSchneider & McGrew(2012) は，Visualization(Vz) とSpeeded rotation(SR) に2分した．

本研究において，空間認識能力と天文分野の学習との対比を考える際には，McGrew(2005) の11個の狭義因子（視覚化，空間関係，閉包速度，閉包柔軟性，

視覚的記憶，空間走査，逐次的知覚統合，長さの推定，錯覚への抵抗，視覚交替，想像力）では細かすぎ，また，Schneider & McGrew (2012) の Speeded rotation (SR) と Visualization (Vz) とに2分する方法では，小・中学校の天文分野等で重要視される（松森・関，1981；松森，1982；荒井，2005；宇尾野・古屋，2011；藤川・林，2015）視点移動能力及び方位認識を1つの柱（空間定位）として分別しにくいため，本研究では，空間認識能力を Lohman *et al.* (1983)，Juhel (1991) らと同様に，空間関係，空間定位，空間視覚化の大きく3つの能力からなると定義した．

第2節　空間認識能力と中学校理科天文分野の理解に関する理論的検討

　本節では，小・中学校の教科や生活で培われた空間認識能力の各要素が，特に中学校理科天文分野の学習場面でどのように活用され，そのことがどのように能力を伸ばしているかを検討する．

　まず，空間関係（心的回転）能力は，小・中学校の時に地球儀を回したり，地球が自転する映像を見たりした経験等をもとに，授業中にワークシートやホワイトボードに向き合って素早く地球等の天体を回転させて，図1-8のA

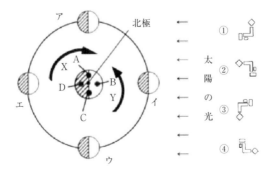

図1-8　北極上空から見た地球と月

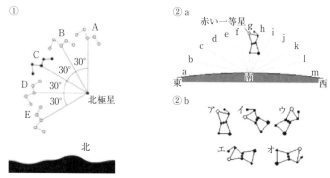

図1-9　星座の動き・形・向き（①北天，②南天）

〜Dの地点において日本がどのような向き・形であるかを考える際等に比較的頻繁に活用される．

　また，小学校理科で実際の夜空や星座早見盤等で観察してきた地上から見た北や南の空の星座の動きと星座の形や向き（図1-9①②ａｂ）を考えたり，星の動きを透明半球の内側（地上）から見たり，逆に外側（宇宙）から見たりして，よく手を左右にひねって回しながら考える時などにも活用される．

　これらは，算数・数学の図形領域の点対称の図形の移動を素早く行うことや技術科や美術科・社会科・地理科で立体や平面の心的回転にも関連する内容で，立体モデルや平面図を使って天文領域の学習を通して最終的には平面図を見ただけで，心的に日本地図や星座を高速回転する力を伸ばすことが可能であると考えられる．

　一方，空間定位能力は，小学校等の地図の学習や生活の中での方位認識をもとに，地球上のある観測地点に立った時のその地点から見た各方位や観測する天体の方向を考えたり，透明半球の中央（O）に立った時の方位や見え方を考えたりする（図1-10）際等に必要と考えられる．

　これらは，社会や地理の地図や防災 MAP，理科の環境 MAP 等にも関連する内容で，かつ理科の磁界や電界の方向，気象，地質，物理や数学のベクトル等にも関連すると考えられる．天文領域の学習を通して，最終的には心

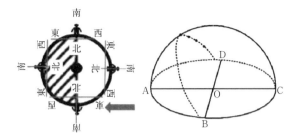

図1-10 地球や透明半球の各地点の方位

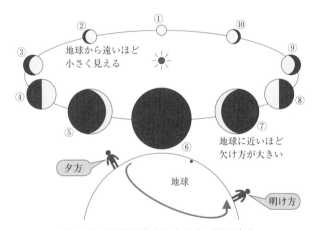

図1-11 天体の動きや大きさ・形の変化
(http://www.max.hi-ho.ne.jp/lylle/wakusei4.html)

的にさまざまな地点における方位を考え，その地点に立って見た時の空間配置や景観を想像できる力を伸ばすことが可能であると考えられる．

　最も複雑な空間的思考を行う空間視覚化能力は，小学校の時の体育の球技や図工の経験等をもとに，時間をかけて手を動かしながら，地球の自転や公転にともなう星座や太陽・月・惑星の動きや見かけの大きさや形を何度もシミュレーションする活動等を通して，心的に各種天体の動き，見かけの大きさや形等を予測（図1-11）できるようにする時などに必要とされている．さ

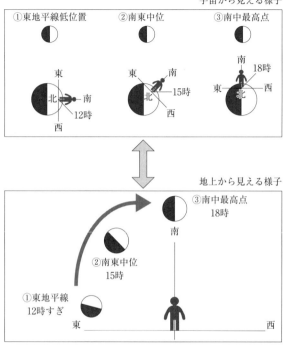

図1-12　宇宙からの見え方と地上からの見え方の相互推測

らに，宇宙から見える様子から地上から見える様子を想像（図1-12）して連続的に心的に動かす際にも必要と考えられる．

　これらは，理科や数学のベクトル・軌跡・空間図形・展開図，体育や技術家庭，美術の空間把握，立体や空間の移動・変形等にも関連すると考えられる．

　天文分野の学習を通して，最終的には，空間をイメージして，それを移動させたり，形を変えたりできる力を伸ばすことが可能であると考えられる．

　このように，空間関係，空間定位，空間視覚化の空間認識能力の各要素は，天文領域の学習を行う上で必要であるとともに，天文領域の学習を通して各要素の能力を伸ばすことが可能と考えられる．空間認識能力を育成するには，

立体モデルや平面図を使って何度もシミュレーションしながら空間的に考え，議論するようにして，空間認識能力の各要素を十分活用するような学習が必要と考えられる．

第3節　本研究の目的とその方略

　序章で述べた背景や，前節までの心理学等の先行研究より，本研究では，子どもの空間認識能力について，中学校理科天文分野における子どもの空間認識能力の実態を把握し，その能力を伸長させる教育課程，教材・教具の開発とそれらを用いた指導法を考案することを目的とした．この目的を達成するための方略を以下に述べる．

　子どもの空間認識能力を捉え，それを踏まえた的確な学習指導法を考案するために，まず，天文分野を理解する際に必要な空間認識能力を捉えるための「ものさし」を考案し，また，様々な教科の学習にも応用可能な汎用の空間認識能力を捉えるための「ものさし」を選定する（第2章）．

　次に，中学校理科天文分野を通して空間認識能力を高めるために，小・中学校を通してさまざまなカリキュラムが考えられるが，その基礎的知見を得るために，学習時期等が大きく異なる昭和52年改訂と平成10年改訂の2つの学習指導要領の下での空間認識能力について中学校天文分野を理解するための土台となる月の満ち欠け等を学習する小学校高学年を含め，小学校4年生から中学校3年生までの各学年の天文分野を理解するための空間認識能力の実態を調査する（第3章）．

　さらに，天文分野の学習を通して空間認識能力を育成するための教材・教具の開発を行う．開発した教材・教具の教育効果の検証のための授業を行う．具体的には，中学校3年生の天文分野で空間認識能力の育成を目的として開発した教材・教具を使用して，空間的思考のパターンや深まりを分析する．さらに，学習前後に独自に開発した空間認識能力を測る質問紙と様々な教科

の学習にも応用可能な汎用の空間認識能力を捉えるための心的回転課題を行ってその効果を検証する（第4章）．

　加えて，現職教員にも，この教材・教具を使ってもらい，この教材・教具の評価を分析する（第4章）．

　教員の評価から得た課題をもとに，学習前の調査で学習者個々の空間認識能力を把握し，空間認識能力の高い学習者と低い学習者をペアにする集団構成法を考案し，その教育効果を調べるため，まず大学生で予備調査を行い，対話分析と学習前後の心的回転課題で効果の分析を行う（第4章）．

　続いて，大学生の予備調査の結果をもとに，中学校3年生で空間認識能力の異なるペアによる集団構成法の空間認識能力を高める上での効果を検証する．

　以上のプロセスを経ることにより，中学校理科の天文分野における子どもの空間認識能力の育成をめざす（第4章）．

第2章　空間認識能力の評価方法の検討

第1節　空間認識能力に関する先行研究と問題の所在

　問題設定が分かりやすく，幼児から大人まで汎用の空間定位能力や空間視覚化能力について実態を明らかにすることができるツールとしてPiagetらの「3つの山」の問題が有名である（Hirata, 1983）が，「どちらかというと"ノイズが多く"感度の低い測定具」と言われており（Flavell, 1977；子安, 1990），時間面・設備面で多くの子どもへの使用は難しい．また，Piagetが行った課題は汎用性の高い課題ではあるが，各教科の教材の難易度を考えるには，抽象的なために，児童・生徒の認知発達段階と各内容を理解するために必要とされている論理操作レベルとの適合度の判定が困難であった．

　土田・小林（1986）は，天文分野における視点移動能力の発達過程を明らかにするために，月の形の変化と日周運動，星座の日周・年周運動，地球の自転・公転に関する天文学的内容の質問と速度の違う車に乗ってお互いを見たときのみかけの動き等の日常的内容をもった質問とを組み合わせた広い範囲の調査（図2-1①②）を行い，その総得点の学年変化や各質問間の相関をもとに次のような結論を述べた．

- 学年進行とともに，小・中学校理科の天文分野で必要とされる視点移動能力が高くなっていき，この種の問題の解答能力は，中学校3年でおよそ限界に達すると考えられる．
- 学年が進むにしたがって男子の方が女子よりも優位性が高まる（図2-2①）．
- 学年が進行するにしたがって，日常的な内容の質問と天文分野の質問との間に相関があるものが多くなる（図2-2②）．

【質問1】

まもる君は、前を走っているバスに乗っています。バスの横をスポーツ・カーが、バスより早い速さで走っています。

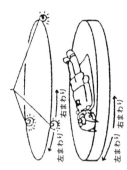

〈1〉まもる君から見ると、スポーツ・カーは、どのように見えるでしょうか。
答えを下の①〜③の中から一つえらんで、その番号を、解答用紙に書いてください。
① 前に進んでいくように見える。
② 後ろの方にさがっていくように見える。
③ 止まっているように見える。

〈2〉では、スポーツ・カーに乗っている人から見ると、まもる君の乗っているバスは、どのように見えるでしょうか？
答えを下の①〜③の中から一つえらんで、その番号を、解答用紙に書いてください。
① 前に進んでいくように見える。
② 後ろの方にさがっていくように見える。
③ 止まっているように見える。

【質問2】

みつお君が、暗い部屋の中にある丸い台の上で寝ています。
丸い台は、くるくるとまわせるようにできています。
てんじょうからは、くるくるとまわせる丸い輪が、さがっています。
丸い輪にも、くるくるとまわせる豆電球がゆっくり右まわりにまわっています。
いま、みつお君にとって、豆電球がゆっくり右まわりにまわっているように見えています。

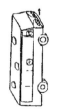

そのように見える理由は、次の1〜11のどれでしょうか。いくつでもえらんで、解答用紙の番号に○をつけてください。

1. みつお君が止まっていて、豆電球が右まわりにまわっている。
2. みつお君が止まっていて、豆電球が右まわりにまわっている。
3. みつお君が止まっていて、豆電球が左まわりにまわっている。
4. 豆電球が止まっていて、みつお君は左まわりにまわっている。
5. 豆電球が止まっていて、みつお君は右まわりにまわっている。
6. 豆電球は左まわりにまわっているが、みつお君の まわる方がはやい。
7. 豆電球とみつお君は、同じ左まわりをしているが、豆電球のまわる方がはやい。
8. 豆電球とみつお君は、同じ右まわりをしているが、豆電球のまわる方がはやい。
9. 豆電球とみつお君は、同じ左まわりをしているが、みつお君のまわる方がはやい。
10. 豆電球とみつお君は、同じ右まわりをしているが、みつお君のまわる方がはやい。
11. そのほかの理由。（理由を、解答用紙に書いてください。）

第2章 空間認識能力の評価方法の検討　31

【質問3】

探検家が、地球の北極点で星座を見ていました。図4のアークは、この空を見ると、星が図1のように見えました。しばらくしてから見ると、星は図2のように移動していて、北極星を中心に左まわりに回っているように見えました。

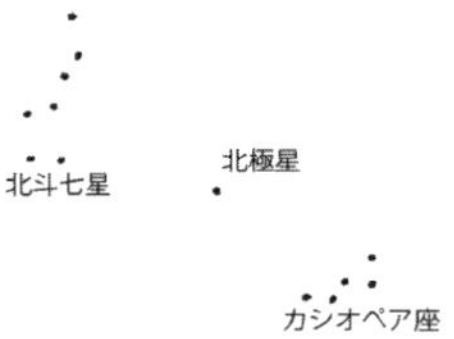

図1
北斗七星　北極星
カシオペア座

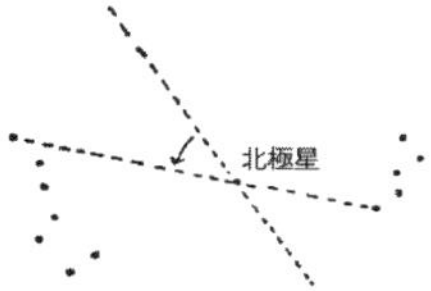

図2
北極星

星が左まわりに回っていくように見える理由は、次の1～11の中のどれでしょうか。いくつでもえらんで、解答用紙の番号に○をつけてください。

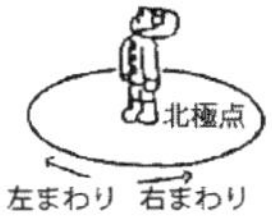

1. 星が左まわりにまわっていて、自分（地球）は止まっている。
2. 星が右まわりにまわっていて、自分（地球）は止まっている。
3. 星と自分（地球）は、同じ左まわりをしているが、星のまわる方がはやい。
4. 星と自分（地球）は、同じ右まわりをしているが、星のまわる方がはやい。
5. 自分（地球）が左まわりにまわっていて、星は止まっている。
6. 自分（地球）が右まわりにまわっていて、星は止まっている。
7. 星は右まわりにまわっていて、自分（地球）は左まわりにまわっている。
8. 星は左まわりにまわっていて、自分（地球）は右まわりにまわっている。
9. 星と自分（地球）は、同じ左まわりをしているが、星のまわる方がおそい。
10. 星と自分（地球）は、同じ右まわりをしているが、星のまわる方がおそい。
11. そのほかの理由。（理由を、解答用紙に書いてください。）

【質問4】装置を観察する人のいる位置です。台にとりつけたボールに、電灯の光をあてる装置があります。電灯は、ボールのまわりを動かせるようになっています。

右の図3のように、装置を上から見ると、図4のようになっています。図4の①～⑧は電灯をおくことのできる位置です。

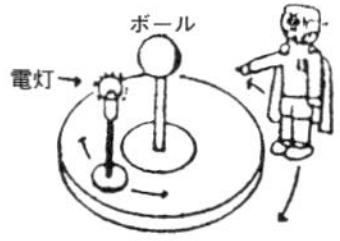

図3 
図4
ボール
電灯
左まわり　右まわり
北極点

〈1〉図4の「ウ」の位置からボールを見ると、図5のように明るい部分と暗い部分が見えました。このとき電灯は、図4の①～⑧のどこにあるのでしょうか。番号を、解答用紙に書いてください。

〈2〉図4の「キ」の位置からボールを見ると、図6のように明るい部分と暗い部分が見えました。このとき電灯は、図4の①～⑧のどこにあるのでしょうか。番号を、解答用紙に書いてください。

〈3〉図4の⑧に電灯をおいて、光をあてます。図4の「ア」～「ク」のどこから見ると図7のように見えるでしょうか。番号を、解答用紙に書いてください。

図5
図6
図7

図2-1① 土田・小林 (1986) の調査問題 (質問 1-4)

【質問5】

〈1〉月が下の図のようにみえるとき、太陽は図の①〜⑦の、どの方向にあるでしょうか。その番号を、かいとう用紙に書いてください。

〈2〉ある日、月が東からのぼって、西にしずむまでのようすを観察しました。

(1) 月の動き方と形の正しいのは、図8の①〜④のどれでしょうか。その番号を、かいとう用紙に書いてください。

(2) そのように見えるのは、どのような理由によるものですか。下の①〜⑥から一つえらんで、かいとう用紙に番号を書いてください。

① 月が地球のまわりをまわっているから。
② 地球が月のまわりをまわっているから。
③ 月が自転しているから。
④ 地球が自転しているから。
⑤ 地球が太陽のまわりをまわっているから。
⑥ 太陽が地球のまわりをまわっているから。

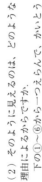

東　南　西
図8

【質問6】

図9は、太陽、地球、月の位置をしめしています。ア〜エは、数日ごとの月の位置をしめしたものです。

図9

〈1〉月が「ウ」の位置にあるとき、地球から見える月の形はどのような形ですか。下の図の①〜⑤の中からえらんで、番号を、かいとう用紙に書いてください。

〈2〉月の形が下の図のように見えました。このとき月は、図9の「ア」〜「エ」のどの位置にあったのでしょうか。図9の「ア」〜「エ」の中からえらんで、記号を、かいとう用紙に書いてください。

〈3〉図9の「エ」の位置にある月を地球から見たら、どのような形に地球は見えるでしょうか。下の図の①〜⑤の中からえらんで、番号を、かいとう用紙に書いてください。

【質問7】

月面に立って地球をながめたところ、図10の様に地球が見えました。

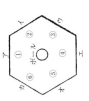

図10

同じ地点で、約6時間地球を観察し続けると地球の見え方は、どのように変化するでしょうか。〈A〉からいくつでも選んで解答用紙に書いてください。また、それぞれの理由を〈B〉から選んで解答用紙に書いてください。

〈A〉
① 地球の位置が変化する。
② 地球の明るい部分の大きさが変化する。
③ 地球の明るい部分に見えている、陸地や海の位置が変化する。
④ 地球の直径が変化するように見える。
⑤ その他の変化。(どの様な変化か、解答用紙に書いてください。)

〈B〉
1. 地球は公転しているから。
2. 地球は自転しているから。
3. 月は地球の周りを回っているから。
4. 月はいつも同じ表面を地球に向けているから。
5. 地球の地軸が傾いているから。
6. その他の理由(解答用紙に理由を書いてください。)

【質問8】

みつおくんは、図11の様な壁でしきられた部屋の中にいます。壁に、ア、イ、ウ、エ、オ、カ、と順番に書いてあります。部屋の中心には台の上にのったボールがあり、上から見ると図12のようになっています。

図12の①〜⑥は、みつおくんの動くことのできる位置です。

図11

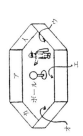

図12

〈1〉現在、みつおくんにはボール「ア」が、かさなって見えています。

みつおくんは、部屋のどの位置にいるでしょうか?

図12の中の①〜⑥の番号を一つ選んで解答用紙に書いてください。

〈2〉みつおくんがボールを見ながらボールのまわりを移動しました。ボールとかさなっていた字が「ア」「カ」「オ」と変わっていき、今はボールと[エ]がかさなって見えています。

みつおくんは、どのように移動したのでしょうか?

次から選んで番号を解答用紙に書いてください。

(1) ⑥→⑤→④→③
(2) ⑤→④→③→②
(3) ④→③→②→①
(4) ③→②→①→⑥
(5) ②→①→⑥→⑤
(6) ①→⑥→⑤→④
(7) ①→②→③→④
(8) ②→③→④→⑤
(9) ③→④→⑤→⑥
(10) ④→⑤→⑥→①
(11) ⑤→⑥→①→②
(12) ⑥→①→②→③
(13) その他

図 2-12 土田・小林 (1986) の調査問題 (質問 5-8)

しかし，次のような課題が見られた．

1．調査問題は選択方式で，各分野が1問ずつとなっていたため，選択の偶然性を排除しにくかった．
2．各個人の全質問の総得点を集計し，これの各学年平均点をもとに学年間の平均点の有意差を考察したため，各問題の正答率やその学年変化等が不明で，そのため，どのような力がどの時期にどのくらい伸びたのかについては不明であった．

さまざまな要素の空間認識能力の質問を含んでいたが，総得点化したために，各要素の形成段階を詳しく分析できていなかった．

空間認識能力の各要素を抽出する際には，各位置の条件統一をより厳密化して，選択の際の偶然性を排除するとともに，空間認識能力の中のどの部分がどのくらい身についているのか，また，概念形成の途中の段階の誤概念の

危険率1％で有意に差がある ◎
危険率5％で有意に差がある ○

	小学校4年	小学校5年	小学校6年	中学校1年	中学校2年
小学校5年	◎				
小学校6年	◎	◎			
中学校1年	◎	◎			
中学校2年	◎	◎	◎	○	
中学校3年	◎	◎	◎	◎	

	小学校4年	小学校5年	小学校6年	中学校1年	中学校2年
小学校5年	◎				
小学校6年	◎	◎			
中学校1年	◎	◎			
中学校2年	◎	◎	◎	◎	
中学校3年	◎	◎	◎	◎	

	小学校4年	小学校5年	小学校6年	中学校1年	中学校2年
小学校5年	◎				
小学校6年	◎	◎			
中学校1年	◎	◎			
中学校2年	◎	◎			
中学校3年	◎	◎			

図 2-2① 総合点の学年変化（t 検定）（土田・小林，1986）
上段：全体　中段：男子　下段：女子

危険率１％で有意に相関がある ◎
危険率５％で有意に相関がある ○

	質問1	質問2	質問3	質問4	質問5	質問6	質問7
質問2	○						
質問3		◎					
質問4	◎	◎					
質問5		◎		◎			
質問6				◎	◎		
質問7		◎		◎	○	○	
質問8	○	◎		◎	○		◎

	質問1	質問2	質問3	質問4	質問5	質問6	質問7
質問2	◎						
質問3		◎					
質問4		◎	○				
質問5		○					
質問6		◎		◎	◎		
質問7		◎					
質問8	◎	◎		◎	○	◎	◎

	質問1	質問2	質問3	質問4	質問5	質問6	質問7
質問2	◎						
質問3		◎					
質問4		◎					
質問5		◎		◎			
質問6	○	◎		◎			
質問7	○	◎		◎	○		
質問8		◎	◎	◎	◎		○

図 2-2②　各学年の問題の相関（土田・小林，1986）
上段：中学１年　中段：中学２年　下段：中学３年

分析も含めたより詳細な分析が必要であると考えられる．

さらに，調査にあたっては，その後の普及を考え，学習者に負担をかけないように工夫することが必要と考えられる．

第２節　教科内容（天文分野）固有の空間認識能力を調べる簡易評価法の考案

天文分野の具体的な教材・教具を構想する前に，天文分野の小学校の月の

満ち欠けや中学校の惑星の満ち欠け等を理解するために必要な学習者の空間定位能力や空間視覚化能力を簡易に調査する必要がある．そのツールとして，天文分野に固有の空間認識能力を調べる質問紙調査を作成した（図2-3，2-4）．月の満ち欠けを説明するモデルを使って1～8やXの位置においたボールの満ち欠けを問うものである．

本調査用紙は，短時間で簡単に取り組め，学習者の負担を軽くしているが，次の4点について詳しく調査・分析できるように工夫している．

1) 児童・生徒の視点移動能力を調査するにあたって，単に満ち欠けの原理だけでなく，球形概念や左右概念を抽出してより詳しく分析できるようにした．

2) 8方位の視点移動を調査して，その中で左右対称的な位置の設問の完全正答を利用して正答抽出に際して偶然性の排除を行った．

3) 各設問ごとに誤答パターンとその選択率の学年変化を調べ，空間概念の形成途中にある誤概念についても詳細な分析を行えるようにした．

4) 観察者の位置を固定し，観察対象を移動する受動的視点移動と，観察対象の位置を固定し観察者が移動する能動的視点移動の場合に分け，学習者にとってどちらがわかりやすいかを探れるようにした．

質問1では，観察者が移動しないことから受動的視点移動，質問2では，観察者が移動することから能動的視点移動を調べることができる．満ち欠けを指導するとき，どちらの方が理解しやすいか調べ，満ち欠けを指導する際の資料作りを行えるようにした．

以下，質問1を使って説明する．

紙面の上で観察者が見る方向が回答者の見る方向と同じとき（位置1）は，右側が明るい半月に見え，明暗の境界が直線となるが，視点を45°斜め前方に移動する場合（位置2や8）には，十日あまり月や三日月のように明暗の境界が曲線となる（図2-5）．このことが理解できているものを球形概念が形成されているとした．

また，紙面の上で観察者が見る方向が回答者の見る方向と180°逆の場合，影が左右反対になる（位置5）．このことが理解できているものを左右概念が形成されているとした（図2-6）．そして，紙面の上で観察者が見る方向が回答者の見る方向と135°のとき（位置4と6）には，三日月のように明暗の境界が曲線となり，かつ，左右が逆になる．このことが理解できているものを球形概念と左右概念の両方を組み合わせて考えることができるとした．

　そして，回答選択の偶然性（真に空間概念が身に付いていないが偶然正答した場合）の排除を図ることを目的として，次のような方法で行った．

1) 視点を45°斜め前方に移動する場合は，位置2と位置8の両方が正答している子どもの割合（以下完全正答率とする）を球形概念が身に付いている子どもの割合とする．
2) 同様に，視点を180°移動する場合は，位置1と位置5の完全正答率を左右概念が身に付いている子どもの割合とする．
3) 同様に，視点を135°移動する場合は，位置4と位置6の完全正答率を球形概念と左右概念の両方を組み合わせて使える子どもの割合とする．
4) 同様に，視点を90°移動する場合は，位置3と位置7の完全正答率を真横から見る視点移動ができる子どもの割合とする．

　この質問紙調査は，天文教材を理解するために必要な各種概念の定着状況を測定するため，次の①〜③を考慮した．

① 児童・生徒が取り組みやすく，教員側も短時間で実施でき，集計も簡単で，簡易に測定できること．
② 信頼性が高いこと．
③ 天文分野の教材・教具の開発や教育方法の改善に活用しやすいこと．

　これらの質問紙を用いて，児童・生徒や大学生の半球概念，球形概念，左右概念，能動的視点移動能力，受動的視点移動能力等を明らかにした．

　そして，その中で，質問1のボールの位置2と位置8のようなともに回答者の見た方向と45度の方向となる，線対称の位置の設問の回答パターンがほ

【質問1】右の図1のように暗い部屋で、台につけたボールに矢印の方向から光をあてた。台につけたボールは、台につけたまま、自由に動かせるようになっています。
これを上から見ると、下の図2のようになっています。
観察者（図1の太郎君）がXのところに立って、そのまわりの①〜⑧におかれたボールを見ると、どのように見えるでしょうか。
下のア〜シの中から選んでその記号を回答用紙に書きなさい。
ただし、斜線 ////// は、影の部分（暗い部分）を示す。
また、太郎君やボールの影はどのボールにもかからないものとする。

図1　質問1の装置

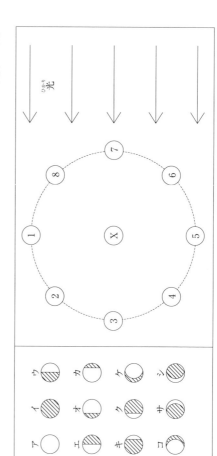

図2　質問1や質問2の装置を真上から見た図

第2章 空間認識能力の評価方法の検討　39

【質問2】今度は右の図3のようにボールは動かさずに観察者が移動する。
これを上から見ると、やはり、上の図2のようになっている。
観察者（図3の太郎君）が、①～⑧のところに立って、そこからXのところにおいたボールを見たら、どのように見えるでしょうか。
上のページの中から選んでその記号を回答用紙に書きなさい。
ただし、太郎君の影はどのボールにもかからないものとする。

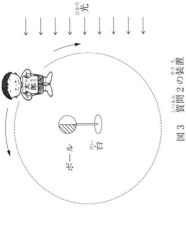

図3 質問2の装置

回答用紙

　　　　年　　　組　　　番　名前

位置	1	2	3	4	5	6	7	8
質問1								
質問2								

図2-3 天文分野に固有の空間認識能力を調べる質問紙調査（簡易調査用）
A4判縦　必要に応じて図2-4と合体したときはA3判横の左側

_____組_____番 氏名_____

1．質問1の位置2の答えをどうやって導き出したか図と文章でできるだけ詳しく説明してください．

図	文章

2．質問1の位置5の答えをどうやって導き出したか図と文章でできるだけ詳しく説明してください．

図	文章

3．質問1と質問2はどちらが回答しやすいですか．下の3つのどれかを選んで○で囲み理由を書いてください．

質問1 質問2 どちらも同じ	理由

4．月と太陽の学習の中でわかりにくかったところをできるだけ詳しく書いてください．

図2-4　天文分野に固有の空間認識能力を調べる質問紙調査（詳細調査用）
　　　　Ａ4判縦　必要に応じて図2-3と合体したときはＡ3判横の右側

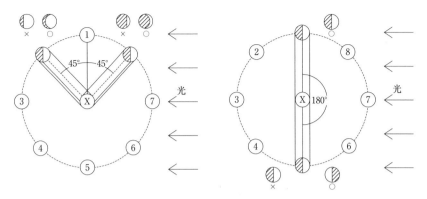

図 2-5　球形概念の抽出方法　　　　　図 2-6　左右概念の抽出方法

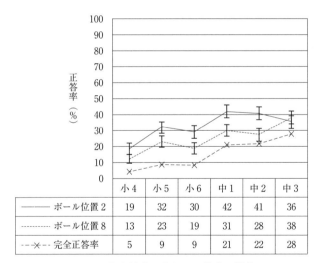

	小4	小5	小6	中1	中2	中3
——— ボール位置2	19	32	30	42	41	36
------ ボール位置8	13	23	19	31	28	38
--×-- 完全正答率	5	9	9	21	22	28

図 2-7　左右対称の位置の正答率の推移
位置2と位置8の正答率がほぼ同じように推移している

ぼ一致した（図2-7）ことから，これら2種類の質問紙調査の信頼性が評価され，教諭等の面接調査や学習者の回答内容から活用のしやすさや効果を確認した．

第3節　汎用性が高い空間認識能力の評価法

　天文分野の具体的な個々の教材の難易度を考えるために役立つようにするため，天文分野に固有な空間認識能力の簡易評価法とともに，さまざまな教科を通して相互活用する空間認識能力を形成していく実態があることから，各教科でバラバラではなく，他の教育活動を行う際の能力の転移を調べるため，脱文脈の汎用性空間認識能力についても同時に把握する必要がある．

　また，単元内容に固有の空間認識能力と同時に汎用性空間認識能力の調査を行うため，できるだけ学習者の負担とならず，逆に面白く，興味づけられ，かつ，多くの研究者が比較しやすい広く知られた評価法の選定が望ましい．

　Shepard & Metzler (1971) は，ずれた2つの立体の照合にかかる時間が2つの立体の角度に比例することを証明（前章のp.13を参照）し，世界的に著名な雑誌Scienceの表紙にも取り上げられた（図2-8①）・心的回転課題は，世界的に信頼性が高く，比較的応用範囲が広く，小学生～大人まで短時間で簡単に測定可能で，全世界で広範囲の多くの論文に引用されている．汎用的な空間認識能力（空間関係）を調べる調査として世界的に最も広く知られ，かつ多くの研究者が活用しているため，各研究者が共有しやすい利点がある．しかし，その利便性と年齢等さまざまなタイプの被験者への対応から一口に心的回転課題と言っても，多種多様な心的回転課題が開発されている．

　例をあげると，立方体10個からなる3次元図形を回転させるもの（図2-8：数が異なる変形版もある）や文字を回転させるもの（図2-9），絵を回転させるもの（図2-10）が見られる．文字回転タイプは，年少の学習者に世界各地で違う文字を使った場合は異なる条件となることや，動物等は世界各地で見る頻度等公平性が確保されるか判断が困難なため，立方体10個の3次元モデルの中から，どの学校現場でも紙と鉛筆で容易に行える Vandenberg & Kuse (1978) の方法（図2-8②，巻末附属資料）を用いることにした．

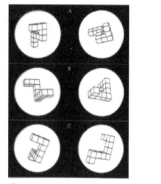
①Shepard & Metzler（1971）

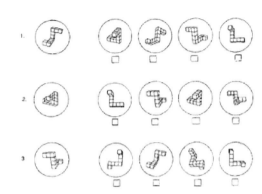
②Vandenberg & Kuse（1978）

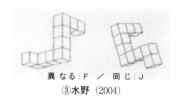
異なる：F ／ 同じ：J
③水野（2004）

図2-8　立方体10個の3次元図形の回転

第4節　まとめ

　学習内容の難易度を判定するためには，まず，学習者の能力の実態を把握し，その実態にあった教材・教具や指導法を考える必要があるが，従来は，空間認識能力が測定しにくいことから実態を把握せずに授業が進められていた．

　学校現場で空間認識能力の育成を図る教育を普及させるためには，まず，通常のテスト等では測りにくい空間認識能力について，今後の学習の内容や方法の構想に役立つとともに，学校現場で短時間で簡易にしかも，学習者にとって興味を持って取り組めるような調査法が必要である．

　そこで，本研究で天文分野特有の空間認識能力を簡易な短時間の調査で学

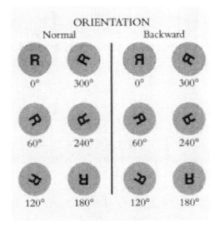

①Cooper & Shepard（1973）

②森田ら（2010）

図 2-9　文字の回転

習者の半球概念，球形概念，左右概念，能動的視点移動能力，受動的視点移動能力まで多種多様に測定できる方法を開発した．また，この天文分野に関する空間認識能力の調査法の信頼性を同簡易調査の左右対称の設問において同様に回答されていることから信頼性を確認した．

　本研究で開発した簡易調査法は，20編以上の論文で引用され，他の研究者が開発した教材・教具や学習指導法等の教育効果の検証方法として活用されている（例えば，平松ら，2011；2012；小松ら，2013；桐生，2015；栗原ら，2015など）ことからも，その信頼性と利便性が認知されていると考えられる．

　また，教科固有の空間認識能力を調べる方法だけでは，様々な教科で形成される空間認識能力について統一した基準で考察することが困難である．そこで，多くの研究者に活用される心的回転の中から学校現場で実施しやすく，

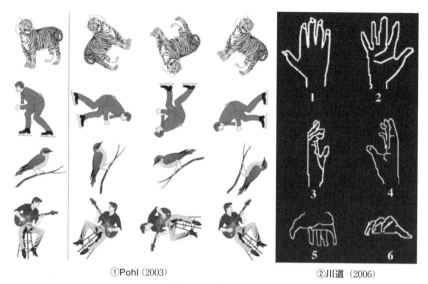

①Pohl (2003)　　　　　　　　　　②川道 (2006)

図 2-10　絵の回転

かつ，世界中のさまざまな文化の影響を受けにくく，幅広い年齢層にも対応できる Vandenberg & Kuse (1978) の方法を選定した．

第3章　天文分野の教育課程の相違に基づく空間認識能力の比較分析

第1節　天文分野の教育課程の変遷

　平成10（1998）年の学習指導要領改訂（以後改訂）では，中学1年生で学習していた天文分野が中学3年生に移行した．これは，主に，天文分野には高度な空間認識を必要とする内容が含まれており，中学1年生では理解しにくいためという配慮によるものであった（江田・三輪，1999a, b）．同時に，小学校においては，天文分野の学習は3・4年生に集約され，5・6生年での学習の機会がなくなった．そのため，結果的に小学4年生での学習後，中学3年生まで天文分野を学習する機会がなくなった．

　2004年9月，日本天文学会秋季年会及び記者会見において，「天動説支持者は4割」等の天文事象に対する小学生の低い認識が報告され，TV・新聞等で大きく報道され，文科相や次官もコメントを発表する等広く議論が巻き起こった（縣 2004a, b）．日本天文学会は，これを我が国の天文教育における危機的状況の証拠の1つとして捉え，教育問題懇談会を設置し（松田 2004），2005年7月に中央教育審議会に対して要望書を提出した．

　これらは，当時マスコミを通して教育関係者や一般人の間でも広く話題となったが，単に天文分野の天動説・地動説といった知識についての議論だけでなく，児童・生徒の空間認識の形成過程にどのようなプラスやマイナスの影響が出ているかを詳細に調べる必要性があった．

　天文分野に関する学習は，天文に関する知識を獲得するのみでなく，その過程において，複数の天体の位置関係を考慮する必要があるなど，空間認識

能力が重要となる．しかし，上述のような学習時期の変更に伴う児童・生徒への影響について詳細に調査を行った事例は少なく，児童・生徒の空間認識の形成過程にどのような影響が生じているかを詳細に調べる必要性がある．そこで，天文分野を中心とした小学校・中学校の理科の学習内容の変遷と子どもたちの空間認識の形成過程との関係について詳細な分析を行うこととした．また，本分析は，同時に日本や世界の小・中学校の教育課程改善の参考資料になると考えられる。

第2節　昭和52年改訂学習指導要領と平成10年改訂学習指導要領のもとで習得した空間認識能力の比較

3.2.1　はじめに

　筆者は，昭和52（1977）年改訂の学習指導要領に基づいて学習していた1985年において，小・中学生の空間認識の発達段階と天文分野の教育課程（小・中学校学習指導要領理科編）との関係を明らかにしている（岡田，2009）．1985年と同様の問題を用い，昭和52（1977）年改訂の学習指導要領と大きく異なる平成10（1998）年改訂の学習指導要領に基づいて学習している小・中学生の空間認識の発達状況を2007年に調査した．本研究では，1985年と2007年の調査結果を比較しながら空間認識の発達状況を分析し，さらに，発達状況の比較から小・中学校学習指導要領の改訂による空間認識能力形成への影響を検討する．

　まず，小・中学校理科における天文分野の変遷を整理するために，昭和52（1977）年から平成10（1998）年までの小学校理科指導書理科編，中学校指導書理科編において，各学年で扱われている天文分野の中で地球，月，太陽，星座の形と動きに関係する内容を抽出した．その結果を表3-1に示す．昭和52（1977）年の内容と比較することにより，平成元（1989）年の生活科の導入にともなって，理科が小学3年生から始まり，日なた・日かげが1年生か

表 3-1　学習指導要領の変遷と各学年の天文分野の内容

	昭和52（1977）年	平成元（1989）年	平成10（1998）年
小1	日なたのかげ		
小2	日なた，日かげと太陽のかげ		
小3		日なた，日かげと太陽との関係	日なた，日かげと太陽との関係
小4	太陽の形と動き 月の形と動き		月の動き 星の特徴と動き
小5	星，星座の形と動き	太陽と月の動きや形と位置関係	
小6	太陽の高さと季節	星の特徴と動き	
中1	地球の動き（地球の自転と公転），惑星の公転	地球の動き（地球の自転と公転），惑星の公転	
中2			
中3			天体の動きと地球の自転・公転，惑星の公転

ら3年生に移動する等，小学校では各内容が全体的に上の学年に移動したことが読み取れる．また，総合的な学習の導入に伴って理科の内容や授業時数が削減された平成10（1998）年の改訂では，「月の観察に当たっては，その形にも触れ，三日月や満月などの中から二つの月の形を取り上げ，月の特徴をとらえるようにする．ただし太陽と月の位置や月の形の見え方との関係についてはふれない．」とし，全体的に内容の精選・軽減が図られた（その後，ただし書き等歯止め規定については撤廃された）．

　昭和52（1977）年と平成10（1998）年とを比較すると，全体的に「影のでき方→月・太陽の形と動き→星座の形と動き→地球の形と動き」の順番に配列されているが，改訂によって学習内容が上の学年に移行するとともに，小学校に含まれる内容が中学校で繰り返されなくなってきているといえる．

表 3-2 各調査における実施人数

学年	調査時期	天文分野	男子	女子	合計
小学 4 年生	1985年 6月	学習前	77	80	157
小学 5 年生		学習前	78	76	154
小学 6 年生		学習前	76	79	155
中学 1 年生		学習前	90	86	176
中学 2 年生			88	83	171
中学 3 年生			77	81	158
合　　計			486	485	971
小学 4 年生	2007年 3月	学習後	87	96	183
小学 5 年生			87	86	173
小学 6 年生			99	93	192
中学 1 年生			89	70	159
中学 2 年生			74	62	136
中学 3 年生		学習後	82	72	154
合　　計			518	479	997

3.2.2 調査対象と調査時期

　1985年調査，及び2007年調査とも，同一校区内の公立の小学4年生から中学3年生の各学年約140〜200名を対象とした．その詳細を表3-2に示す．

　1985年調査は6月上旬に実施したため，全ての学年において当該学年の天文分野の学習は未習であった．前年度の学習状況より，中学1年生は天文分野の学習を3月上旬に実施していたため，調査時において中学2年生は学習後約3ヶ月経過していた．また，小学4年生は「月の形と動き」の学習を10月上旬に実施していたため，調査時において小学5年生は学習後約8ヶ月経過していた．よって，天文学習の効果は，学習した次の学年に表われる。

　一方，2007年調査は3月上旬に実施したため，全ての学年において当該学年の天文分野の学習は終えていた．当該年度の学習状況より，調査時におい

て中学3年生は天文分野の学習後約3ヶ月経過していた．また，小学4年生は調査時において「月の動き」の学習後約8ヶ月経過していた．よって，学習効果は同学年に表われる．なお，分析に際して除外した被験者はいない．

3.2.3 調査方法と分析方法

中学校理科の教科書では，月の満ち欠けを説明するために，図3-1のような図がよく用いられている．この図では，太陽と地球の位置を固定し，月の位置の変化に伴う影の変化の様子から月の満ち欠けを説明している．本調査では，このような天体学習の基本となる月の満ち欠けの原理に着目し，月をボールに置き換えて満ち欠けについて正しく回答できるか否かを問うことにした．これは，月をボールに置き換えても正しく回答することができていれば，月の満ち欠けに関する単純な知識ではなく，空間認識能力が形成されていると判断できるのではないかと考えたからである．具体的には，ボールの

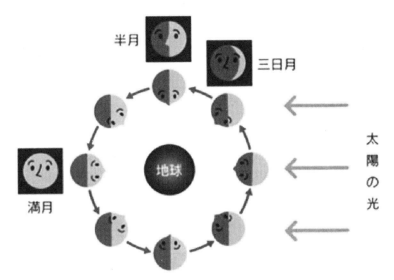

図3-1　教科書の月の満ち欠けの説明図
（吉川ら，2005　K社中学校理科）

満ち欠けを正しく空間認識するために必要な要素として，半球概念，左右概念，球形概念（以下に操作的に定義する）を抽出・調査することにした．

本問題は，ボールの位置を1から8の番号で整理し，図3-1のように暗い部屋で右から光を当てるという状況設定とした．そして，1～8の位置にある各ボールは，光がくる方向と逆の半球のみ影になることが理解できる場合，半球概念が形成されていると定義する．また，図3-2に示したように，図の中心X（地球）の位置に立って観察すると，位置1を見たときと，180°回転して位置5のボールを見たときの影は左右逆になる．このことが理解できていれば，左右概念が形成されていると定義する．そして，図3-3の位置2や位置8のように，視点を45°斜め前方に移動する場合には，十日あまり月や三日月のように明暗の境界が曲線となる．このことが理解できていれば，球形概念が形成されていると定義する．なお，月の形と動きに関する学習は，昭和52（1977）年と平成10（1998）年のいずれの学習指導要領においても小学4年生で扱うことになっている．ただし，小学校においては地上から見た月の形と動きが中心であるため，左右概念を本質的に理解するためには，中学校における学習が必要となる．

本調査では，小学4年生から中学3年生まで全ての学年の児童・生徒の半

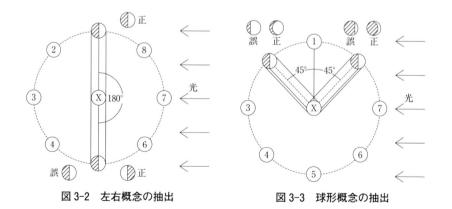

図3-2　左右概念の抽出　　　図3-3　球形概念の抽出

球概念，左右概念や球形概念を同一課題で調べるため，全ての学年の児童・生徒に分かりやすく，興味を持って取り組めるような調査が求められる．そこで，図3-1のような教科書に一般的に使われている月の満ち欠けを説明するモデル図をもとに，第2章の図2-3に示したように，ボールの満ち欠けをア〜ケの12個の図形から選ぶことにより短時間で簡単に回答できるような調査問題を用いた．この問題は，視点を固定してボールを移動させる場合を考える質問1と，ボールを固定して視点を移動させる場合を考える質問2で構成している．回答時間は全員が回答し終わるまでとし，15分前後であった．

3.2.4 調査結果と考察

図2-3の調査問題の質問2では，Xの位置にボールが固定され，質問1よりも左半球が影となることがわかりやすくなる．このため，質問2の調査結果に基づいて，回答者が見る方向と紙面上の観察者（太郎君）が見る方向が同じ時（質問2における位置5），及び90°の時（同，位置3）の半球概念，180°の時の左右概念（同，位置1），45°の時の球形概念（同，位置6）について検討することにした．その詳細を以下に示す．

（1）半球概念（視点移動がない場合）

半球概念について検討するために，質問2における位置5（観察者の太郎君と回答者で見る方向が同じ）の正答率の変化を比較した．その結果を，図3-4に示す．

最も簡単な問題でありながら，正答のウを選んだ生徒は中学3年生でも1985年が6割，2007年が7割程度である．また，1985年は，小学4年生から6年生まで正答率が上昇した後は下降と上昇を繰り返している．一方，2007年は，小学5年生で正答率が下降した後は中学3年生まで一貫して上昇している．

そこで，この傾向を統計的に検討するために，調査時期（1985年・2007年）

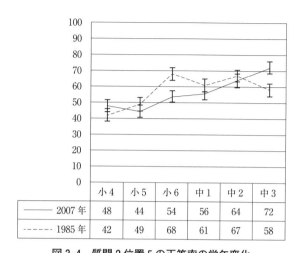

図 3-4 質問 2 位置 5 の正答率の学年変化
単位：％．エラーバーは，±標準誤差の範囲を表す．以下同様．

と学年（小学校 4 年～中学校 3 年）を独立変数として位置 5 の正答率に関する逆正弦変換を利用した 2 要因の分散分析を行った．その結果，学年の主効果が有意であった（$\chi^2_{(5)} = 51.00$，$p < .01$）．

また，調査時期と学年の交互作用が有意であったため（$\chi^2_{(5)} = 13.18$，$p < .05$），正答率の差の検定（有意水準の調整には，Bonferroni 法よりも検出力の高い Sidak 法を使用，以下同様）を行った．ここで，1985 年は調査時期が 6 月上旬のため，天文分野の学習効果は次の学年に表れ，2007 年は調査時期が 3 月上旬のため天文分野の学習効果は学習した学年に表れる．このような調査月の違いを考慮し，1985 年は小学 5 年生の正答率を基準とすると，小学 6 年生と中学 2 年生において正答率が有意に高いことが明らかとなった（$p < .01$；$p < .05$）．一方，2007 年は小学 4 年生の正答率を基準とすると中学 3 年生の正答率が有意に高いことが明らかとなった（$p < .01$）．また，1985 年と 2007 年で同一学年を比較したところ，小学 6 年生のみ正答率に有意な差が見られた（$p < .01$）．

以上のことから，1985年においては小学5年生の「星，星座の形と動き」，及び中学1年生の「地球の動き，惑星の公転」等の学習の効果が考えられる．一方，小学6年生の「太陽の高さと季節」の影の長さ等の学習では，真横から光を当てたら半月に見えるという半球概念の向上には結びつかなかったものと考えられる．また，2007年においては個別の学習内容の顕著な影響は読み取れないものの，小学6年生以降の正答率は一貫して上昇傾向にあるといえる．

（2）半球概念（視点移動が90°の場合）

 90°視点移動した場合の半球概念について1985年と2007年との違いを検討するために，質問2における位置3（観察者の太郎君が見る方向が回答者が見る方向に対して90°）の正答率の変化を比較した．その結果を，図3-5に示す．この問題も正答のイを選んだ者は，1985年，2007年とも中学校3年生でも7割程度である．

 1985年は，全体としては正答率が上昇傾向にあるものの，中学3年生では

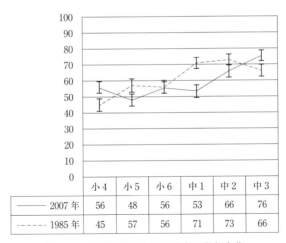

図3-5 質問2位置3の正答率の学年変化

明確に下降している．2007年においても，全体としては正答率が上昇傾向にあるものの，小学5年生と中学1年生において下降している．そこで，この傾向を統計的に検討するために，前項と同様の枠組みで位置3の正答率に関する逆正弦変換を利用した2要因の分散分析を行った．その結果，学年の主効果が有意であった（$\chi^2_{(5)} = 48.52$, $p < .01$）．また，調査時期と学年の交互作用が有意であったため（$\chi^2_{(5)} = 20.16$, $p < .01$），正答率の差の検定を行った．前項と同様に，1985年は小学5年生の正答率を基準とすると，中学2年生の正答率が有意に高いことが明らかとなった（$p < .05$）．一方，2007年は小学4年生の正答率を基準とすると中学3年生の正答率が有意に高いことが明らかとなった（$p < .05$）．また，1985年と2007年で同一学年を比較したところ，小学4年生と中学1年生において有意な差が見られた（$p < .05$；$p < .01$）．

以上のことから，1985年においては小学6年生の「太陽の高さと季節」等の学習の効果が考えられる．また，2007年においては小学4年生の「月の動き」等の学習の効果が考えられるものの，小学校6年生時の正答率の向上は1985年と異なり，2007年には見られなくなった．

（3）左右概念

左右概念について，1985年と2007年との違いを検討するために，質問2における位置1（観察者の太郎君と回答者で見る方向が180°異なる）の正答率の変化を比較した．その結果を，図3-6に示す．1985年は，小学4年生から中学2年生まで正答率が一貫して上昇し，中学3年生で若干下降している．また，最も正答率が高い中学2年生においても4割程度となっている．2007年は，小学6年生と中学3年生のみ正答率が上昇しており，上下の変動が繰り返されている．そこで，この傾向を統計的に検討するために，前項と同様の枠組みで位置1の正答率に関する逆正弦変換を利用した2要因の分散分析を行った．その結果，調査時期，及び学年の主効果が有意であった（$\chi^2_{(1)} = 24.30$, $p < .01$；$\chi^2_{(5)} = 15.50$, $p < .01$）．

第3章 天文分野の教育課程の相違に基づく空間認識能力の比較分析　57

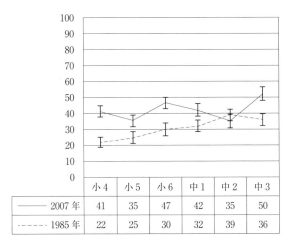

図3-6　質問2位置1の正答率の学年変化

　一方，調査時期と学年の交互作用は見られなかった（$\chi^2_{(5)} = 10.99$, $n.s.$）．正答率の差の検定を行ったところ，1985年の小学4年生と中学2年生の間にのみ有意な上昇が見られた（$p<.01$）．

　また，1985年と2007年で同一学年を比較したところ，小学4年生，5年生，6年生，中学3年生において有意な差が見られた（$p<.01$；$p<.05$；$p<.01$；$p<.05$）．以上のことから，1985年においては小学4年生から中学2年生にかけて正答率が上昇傾向にあるといえる．一方，2007年においては一貫した傾向は見られないものの，小学4年生の「月の動き」や中学3年生の「天体の動きと地球の自転・公転，惑星の公転」等の学習の効果が考えられる．また，統計的な有意差は見られなかったものの，2007年においては天文分野の学習が設定されていない学年では正答率が下降する傾向が見られる（小学6年生を除く）．

　また，誤答傾向を事例的に検討するために2007年調査における当問題の正答エ，左右概念のみを間違えた誤答ウ，その他の誤答の選択率を整理した結果を図3-7に示す．

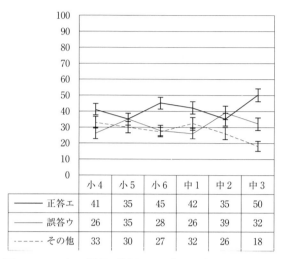

図 3-7　2007年の質問2位置1の正答エと左右概念のみを
間違えた誤答ウ及びその他の選択率の学年変化

図3-7における学年変化をみると，中学1年生以外は正答エの増減に対して誤答ウが逆に連動する傾向にある．誤答ウを選択した被験者は半球概念については理解しているものの，左右が逆転することについては正しく認識できていないことになる．また，全体としては減少傾向にあるものの，中学生においてもその他の誤答を選択した被験者が約2～3割程度存在する．このような被験者は，真横から球に光を当てたときに半月状の影が見えるという半球概念が十分に定着していない等の課題が考えられる．

(4) 球形概念

球形概念について1985年と2007年との違いを検討するために，質問2における位置6（観察者の太郎君と回答者で見る方向が45°異なる）の正答率の変化を比較した．その結果を，図3-8に示す．

中学校3年生で正答のケを選んだ被験者は1985年が4割，2007年が5割程

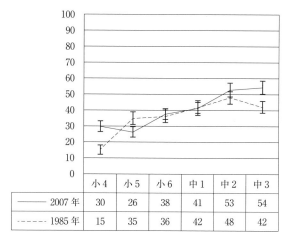

図3-8 質問2位置6の正答率の学年変化

度である．また，1985年は，小学4年生から中学2年生まで正答率が一貫して上昇し，中学3年生で若干下降している．2007年は，全体としては正答率が上昇傾向にあるものの，小学5年生と中学3年生において下降している．そこで，この傾向を統計的に検討するために，前項と同様の枠組みで位置6の正答率に関する逆正弦変換を利用した2要因の分散分析を行った．その結果，学年の主効果が有意であった（$\chi^2_{(5)} = 79.40$, $p < .01$）．

また，調査時期と学年の交互作用が有意であったため（$\chi^2_{(5)} = 14.70$, $p < .05$），正答率の差の検定を行った．前々項と同様に，1985年は小学5年生の正答率を基準とすると，小学4年生の正答率が有意に低いことが明らかとなった（$p < .01$）．一方，2007年は小学4年生の正答率を基準とすると中学2年生と3年生の正答率が有意に高いことが明らかとなった（両学年とも$p < .01$）．また，1985年と2007年で同一学年を比較したところ，小学4年生のみ有意な差が見られた（$p < .01$）．

以上のことから，1985年においては，小学4年生の「太陽の形と動き，月の形と動き」の学習の影響が顕著であったと考えられる．また，1985年，

2007年ともに最も正答率が高いのは中学2年生の5割程度であり，正答率の学年変化も類似した傾向を示している．

3.2.5 空間認識と学習指導要領

前項までの分析結果を，学習指導要領の違いという視点から検討するために，昭和52（1977）年改訂下の1985年と，平成10（1998）年改訂下の2007年の天文分野の学習時期・内容と半球概念，球形概念，左右概念の形成状況について考察する．

まず，視点移動を伴う半球概念は，1985年においては中学1年の学習成果として中学2年生の正答率が最も高く，2007年においては当該学年の学習成果として中学3年生の正答率が最も高くなることが明らかとなった．視点移動を伴わない半球概念は，2007年においては視点移動を伴う場合と同様である．しかし，1985年においては，中学2年生のみでなく小学6年生の正答率も高くなっている．小学5年生における天文分野の学習内容は，星の動きに関する内容が中心であるため，その他の学習も影響していると考えられる．また，左右概念は，1985年においては中学1年生の学習の成果として中学2年生の正答率が最も高くなっている．一方で，2007年においては既に小学4年生において1985年よりも正答率が高く，その後は多少の前後はあるものの横ばい傾向にある．そして，球形概念は，1985年においては小学4年生の学習の成果として小学5年生の正答率が高くなると共に，中学2年生の正答率が最大となっている．2007年においては中学2・3年生の正答率が最も高くなることが明らかとなった．

これらのことから，中学3年生時点における空間認識の形成状況は，天文分野の学習機会が減少した平成10（1998）年改訂下においても，昭和52（1977）年改訂下と比べて同等以上であると考える．また，統計的な有意差はないものの，昭和52（1977）年改訂下の中学3年生の空間認識は，いずれの要素においても中学2年生時と比較して低下傾向に転じている．このため，

平成10 (1998) 年改訂下においても，高校1年生を対象に調査を実施すると空間認識がやや低下していると推測される．

また，球形概念については，天文分野の学習前後の変化が分かる1985年では，小学4年生の月の満ち欠けの学習による正答率の上昇が最も大きく，学習後1年たって正答率の減少がある場合でも減少幅は比較的小さい．また，2007年の調査で天文分野を学習していない小学6年生や中学1・2年生においても正答率が少しずつ伸びていることから，算数・数学等他の教科や生活経験等の影響が考えられる．そこで，他の教科の中では調査事項に最も近い学習内容と考えられる算数・数学の図形領域について検討した．学習指導要領に基づく，算数・数学の図形領域の変遷を整理した結果を表3-3に示す．これを見ると，平成10年改訂の学習指導要領は小学校では，昭和52年改訂の内容を概ね1～2年後に学習し，中学校でも相似条件が1年後の3年生で学習するなど学習内容の先送りが見られる．

調査時期から1985年は学習した次の学年，2007年はその学年での正答率の上昇に影響したと考えられるが，表3-3より1985年は，小学4年生の立体や中学1年生の空間図形，2007年は，小学6年生の立体や中学1年生の空間図形の学習が影響した可能性がある．特に2007年の小学6年生と中学1年生については天文分野の学習はなく，算数の立体と数学の空間図形の学習の影響が最も可能性が高いと考えられる．

しかし，正答率の上昇は，1985年の月の満ち欠けの学習後の小学5年生ほどの大きな変化ではなかった．これは，月の満ち欠けの学習はボールの満ち欠けの調査と状況設定がほぼ同一で，直接的な影響が考えられるのに対して，立体や空間図形の学習は，調査問題と状況設定が異なるため，間接的な影響しか及ぼさなかったためと考えられる．

一方，左右概念については，小学4年生，5年生，6年生，中学3年生において2007年の方が正答率が高かった．これは，それまで8方位の月の形を学んでいたものが，平成10年の改訂で月の形が2種類に絞られたことで，左

表 3-3　学習指導要領の変遷と各学年の図形領域の内容（国立教育政策研究所データベース）

	昭和52（1977）年	平成元（1989）年	平成10（1998）年
小1	ものの形	ものの形	ものの形
小2	箱の形 正方形・長方形・直角三角形など	箱の形 正方形・長方形・直角三角形など	ものの形
小3	二等辺三角形・正三角形など 円	二等辺三角形・正三角形など 角・円	箱の形 正方形・長方形・直角三角形
小4	直線の平行と垂直 平行四辺形・台形・ひし形など 立方体・直方体 ものの位置	直線の平行と垂直 平行四辺形・台形・ひし形など 立方体・直方体 ものの位置	二等辺三角形・正三角形 角 円
小5	合同・頂点・辺・角 図形の簡単な性質 円周率の意味	合同・頂点・辺・角 図形の簡単な性質 円周率の意味	直線の平行と垂直 平行四辺形・台形・ひし形 図形の簡単な性質 円周率の意味
小6	線対称・点対称 縮図・拡大図 角柱・円柱 角錐・円錐	線対称・点対称 縮図・拡大図 角柱・円柱 角錐・円錐	立方体・直方体 簡単な角柱・円柱
中1	空間図形 図形の作図 図形の計量	図形の作図と平面図形の理解 空間図形	基本的な図形の作図,空間図形と図形の数量
中2	平面図形の性質 三角形の合同条件・相似条件	平面図形の性質 三角形の合同条件, 相似条件	平面図形の性質 三角形の合同条件
中3	円の性質 三平方の定理・立体の相似比	円の性質 三平方の定理, 扇形, 立体の相似比	三角形の相似条件 三平方の定理

右の逆転がより焦点化されて身につきやすかったことが原因の1つと考えられる．このように，より直接的に月の満ち欠けにおける左右逆転の原理を定着したことが，図形領域の先送りの影響を越えて，ボールの満ち欠けの形の左右逆転の考えに強く影響したものと考えられる．

　また，中学3年時で比較すると，各概念の正答率が2007年は1985年と同等かそれ以上であることから，天文分野を中学1年から3年に移行したことは，おおむね良い結果であったと考えられる．さらに，今回，月と太陽を観察し，月の位置や形と太陽の位置を調べ，月の形の見え方や表面の様子についての考えをもつことができるようにするという内容を小学校6年に追加した平成20年の学習指導要領改訂（文部科学省，2008a, b）の方向性は，より好ましい結果をもたらすのではないかと注目される．そこで，この予測の真偽を確かめるため，2008年改訂の現学習指導要領下での空間認識についても，完全実施後9年程度経過時に同様の調査を継続して行う必要があると考えている．

第3節　まとめ

　天文分野を小学校4・5・6年生と中学校1年生で学習した1985年，及び小学校4年生と中学校3年生で学習した2007年に小学校4年生から中学校3年生の全学年を対象に，月の満ち欠けの原理が理解されているかを問う調査を行い，半球概念，球形概念，左右概念，能動的視点移動能力，受動的視点移動能力の発達状況や特徴，性差等を分析した．その結果，①ボールに真横から光を当てると半月状に見えること（半球概念）が中学校3年生でも6～7割しか分かっていないこと，②半球が明るいボールを斜めから見ると明暗の境界がカーブすること（球形概念）は，月の満ち欠けの学習時に正答率が大きく伸び，比較的定着すること，③視点を180度回転すると影が左右逆になること（左右概念）は，中学校での宇宙から俯瞰する学習時に正答率が大きく伸びるが，比較的定着しにくいこと，④女子の方が学習直後に正答率が

上がっても1年後急落することが多いこと，⑤天文分野を学習していない時期でも他の要因によって正答率が伸びていること，⑥中学校1年よりも3年で天文分野を実施した方が定着が良いこと，⑦小学校5・6年でも天文学習を行った方が伸びること，⑧個人差が非常に大きいこと，⑨能動的視点移動の方が受動的視点移動より学習者が理解しやすいこと等を明らかにした．

さらに，天文分野の学習指導要領と児童・生徒の空間認識形成との関係を調べるために1985年及び2007年当時の小・中学生の空間認識を比較し，次のようなことが判明した．

(1) 半球概念は，中学3年で逆転するものの，小学5年から中学2年まで2007年の方が1985年よりも正答率が概ね低い．

(2) 球形概念は，小学校の天文学習によっても大きく伸びる．学習後の定着は比較的よい．小学4年のみ有意に2007年の方が1985年よりも正答率が高い．

(3) 左右概念は，小学4・5・6年と中学3年で2007年の方が1985年よりも正答率が有意に高い．一方で，2007年は天文分野の学習が設定されていない学年では正答率が下降しやすい傾向が見られる．

(4) 天文分野を学習しない小学5年〜中学2年の間も空間認識が少しずつ向上しており，他の影響も考えられる．

(5) 1985年・2007年の調査とも中学3年の約半数が球形概念や左右概念が理解できていない実態から，概念としての定着を図るために，なお一層の工夫が必要と考えられる．

また，2007年の調査では，統計的な有意差は見られなかったものの，ここで取り上げた4つの設問全てにおいて小学5年生の正答率が低下する傾向が見られた．小学4年生は天文分野の学習直後で高く，小学5年生は学習後1年以上経過した影響も考えられる．このため，このような知見を踏まえて，空間認識をわかりやすく，確実に定着させ，発展させる学習指導法についてより一層研究を深める必要があると考えられる．

第4章　空間認識能力を育成する教材・教具及び学習指導法の検討

第1節　空間認識能力を育成する教材・教具に関する先行研究と問題の所在

　理科の中でも天文分野の学習は，高度な空間的思考力が必要なため理解しにくく，学習者の空間的思考を助けるために以前より多様な教材・教具が開発されてきたが，全国学力調査等で空間的思考に課題が指摘されてきた．

　そこで，先行研究を詳細に分析して，空間的思考を大いに助ける教材・教具や指導法を開発し，高度な空間認識能力の育成を図る．

　これまで，月や惑星の見え方の学習に関しては，各天体の位置関係・満ち欠け・見かけの大きさ・動き等の空間的な把握を助けるために，次のような教材・教具の開発が行われている．

　岡田（1995）は，各クラスで異なるモデル（平面図・バレーボール・満ち欠け箱・時計・ピンポン球）を使った金星の満ち欠け学習（図4-1）を行い，ピンポン球モデルを使用したクラスが空間概念の正答率が最も伸びるものの，それでも学習後完全に理解している中学生は約8割であることを示した（図4-2）．

　中高下ら（2002）は，地球儀の上に透明半球を取り付け，その中に設置したCCDカメラから太陽・金星の立体モデルの動きや満ち欠け等を観察するモデルを開発した（図4-3）．地球儀に接地した透明半球の地平面上に実際に撮影した景観の写真を貼り付けて，CCDカメラからみて，金星の立体モデル等が地平線上の景色の背後から昇り，沈む様子をほぼ現実に近い形で再現できる．しかし，現象を観察させることが目的のため，個々の生徒の複雑な

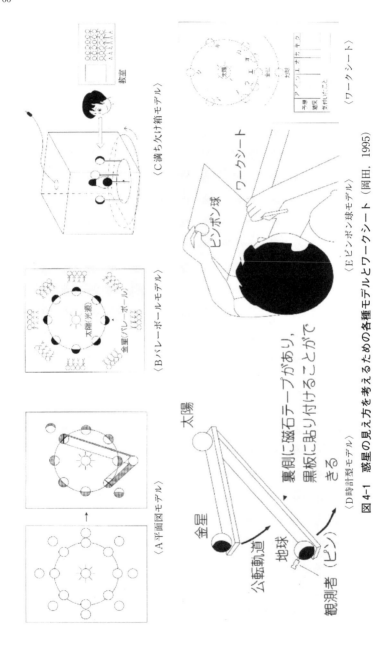

図 4-1 惑星の見え方を考えるための各種モデルとワークシート（岡田，1995）

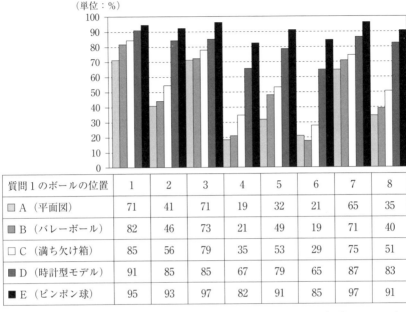

図4-2 各モデル学習後の正答率（1〜8は図2-3の質問1の位置）（岡田，1995）

思考活動を必要としない．また，CCDカメラによる代理観察になる．また，事後テストは，空間認識能力ではなく，天体学習の内容理解を中心に問うものであった（図4-4）．

　岡田・竹野（2002）は，宇宙から地球と内・外惑星の移動を観察するとともに地球からみた惑星の満ち欠けを同時に観察可能な立体シミュレーション装置を開発した（図4-5）．惑星の見かけの大きさや満ち欠けのほか，周囲に12星座を描いた紙を設置して公転速度を自由に変えて惑星の見かけの位置もシミュレーションできる．速度可変で試行錯誤可能だが，カメラによる代理観察になる．複雑な思考が必要で，立体モデルだけでは理解しにくかった．

　中野（2008）は，宇宙から地球と火星の移動を観察するとともに地球からみた火星の満ち欠けを同時に観察可能なモデルを開発した（図4-6）．周囲に

図 4-3 地平線景観半球付き地球儀（中高下ら，2002：前原俊信氏写真提供）

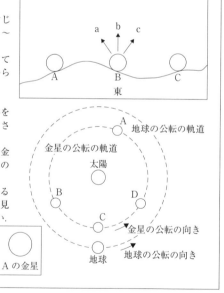

Ⅰ 右の図で，太陽が春分の日の東の地平線から上がってきた位置をBで示している．次の問に答えなさい．
(1) 春分の日に太陽が上がっていく道すじとして最も適切なものはどれか．a～cから記号で答えよ．
(2) 夏（6月）に太陽が上がる位置として最も適切なものはどれか．A～Cから記号で答えよ．

Ⅱ 右の図は太陽，地球，金星の位置関係を模式的に示している．次の問に答えなさい．
(1) 夕方に見えるのは，どの位置にある金星か．A～Dの中から最も適切なものを選び記号で答えよ．
(2) Aの金星は，下のように見えるとすると夕方に見える金星は，どのように見えるかAの金星と比較して書きなさい．

図 4-4 内容理解を問う事後テスト（中高下ら，2002）

第4章　空間認識能力を育成する教材・教具及び学習指導法の検討　　69

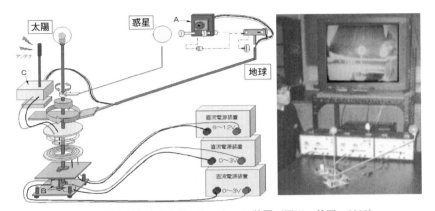

図 4-5　天体現象立体シミュレーション装置（岡田・竹野，2002）
A：CCDカメラ，B：地球用と惑星用2台のモーター，C：カメラ映像を送る無線装置

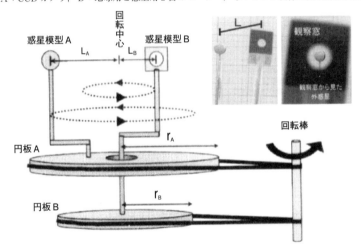

図 4-6　公転角速度比率固定モデル（中野，2008）
各惑星の太陽からの距離の比を $L_A : L_B$ で，公転周期の比を $r_A : r_B$ で調節

12星座を描いた幕を設置し，火星の見かけの位置も記録できる．しかし，惑星間の公転速度比率を固定するため，観察が受け身的になりやすい．

　上記3モデルは，各班1台ずつで受け身的になりやすく，宇宙地上両視点の現象の理解が重視される一方で，空間認識能力の評価は行われていない．

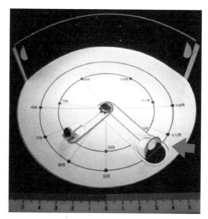

図 4-7　ペーパークラフト教材の矢印の方向から見た金星の満ち欠けと見かけの大きさの観察（図中の矢印は図 4-8 ののぞき穴の位置を示す）（鎌田・鷹西，2007）

図 4-8　図 4-7 の図中の矢印の方向から見た金星の満ち欠けと見かけの大きさ（のぞき穴の直径との比較）（鎌田・鷹西，2007）

一方，鎌田・鷹西（2007）は，紙とBB弾を使って1人1台ずつ作成し，金星の満ち欠けを掌上で操作し，観察するモデルを開発した（図4-7）．

地球ののぞき穴から半球を黒くしたBB弾を観察し，金星の満ち欠けや見かけの大きさ（図4-8），天球上の動き等を観察できる．しかし，大きさが小さ過ぎて，他の学習者や教員から見えにくいため，議論や支援を受けて思考の活性化を図りにくく，個人的な探究に終わりやすい．そのため，空間認識能力を十分に伸ばしにくいと考えられる．

Shen & Confrey（2007）は，地上から観察する際の月・観測者・太陽のなす角度（角距離）を意識させるためのフラフープモデルを開発した（図4-9）．これは，さまざまな角距離の月と太陽の位置関係をつくって，机等を地平線と見立てて太陽が沈んだ時に，月がどの方向に見えるかをシミュレーションするのには優れている（図4-10）が，見かけ上，月と太陽が同じ軌道で公転しているように見えるため地動説の見方には発展させにくい．また，天動説的視点での天文内容の理解が重視される一方で，空間認識能力の評価は行われていない．

間處・林（2007）は，立体モデルの観察→作図学習→宇宙旅行を疑似体験するシミュレーションソフト学習による金星の満ち欠け学習を提案した（図4-11）．数学的な作図をもとに金星の大きさや形を見いだすことを通して観察の視点移動能力を高めた．しかし，宇宙旅行を疑似体験するPCソフトを使って金星の満ち欠けを観察する際，操作の習熟が必要であった．ポストテストでは，作図による天文内容の理解が重視され（図4-12），汎用の空間認識能力の評価は行われていない．

以上のように，先行研究の多くは立体モデルを使って観察し，その内容を記録して理解するという活動が中心となっている．また，このような先行研究では，天文領域において空間概念や空間認識能力を育成するという文言は散見されるが，その内容を精査すると，天文分野の具体的な内容についての理解を調べられているものの，空間認識能力そのものを評価している研究は

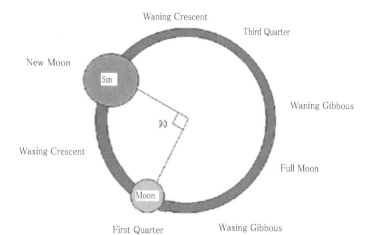

図 4-9　フラフープモデル (Shen & Confrey, 2007)

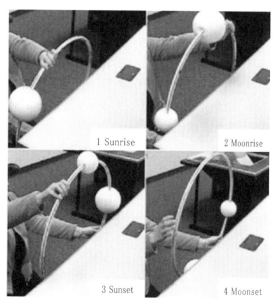

図 4-10　フラフープモデルを使って月と太陽の関係を調べる様子
(Shen & Confrey, 2007)

第4章　空間認識能力を育成する教材・教具及び学習指導法の検討　73

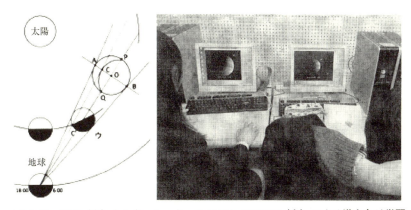

図4-11　作図（左）とシミュレーションソフトMITAKA（右）による満ち欠け学習
（間處・林，2013）

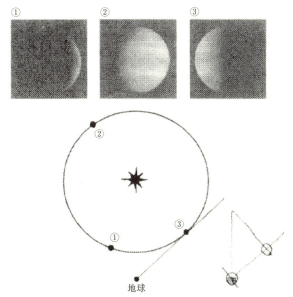

図4-12　写真の金星の位置を作図で求めるポストテスト
（間處・林，2013）

見られないようである．

第2節　空間認識能力を育成する教材・教具及び学習指導法の開発

4.2.1　開発の背景

　本研究においては，天文分野の学習における空間認識能力の形成を基盤とする教材・教具と学習指導法を開発することを目的とする．

　小・中学校教員や教職志望の大学生へのインタビューから，天文分野で視点を心的に移動し，そこから見える満ち欠け等を予測することは難しく，さまざまな天文現象が起こるしくみを空間的に思考することはさらに難しいことが明らかになった（岡田，未公表資料，表4-18にも同様の様子がうかがわれる）．

　認知心理学の研究から，心的回転の課題中にジョイスティックの回転方向と心的回転課題の回転方向が一致するときに心的回転が促進されるという，実際の運動と心的な運動の相互作用を示唆する（Wexler et al., 1998）ことが判明した．さらに，事物を心的イメージの形で表象するための認知的メカニズムは，事物を知覚するためのメカニズムと同じと考えられ，物体を手で操作して能動的に物体の景観の変化を観察することで後の認識が促進されるとされている（Harman et al., 1999；Sasaoka et al., 2009）．指定された位置に立体モデルをおいて観察したことを記録する従来の方法では，仮説検証や試行錯誤の議論等を通した思考の深まりが期待できないため，未知の天体X（金星）や天体Y（火星）の連続写真を提示してこれらの正体を探る探究的な学習を考案した．また，近年の認知心理学の研究（例えば，Presson & Motello, 1994）から，学習者同士が同じ視点から同じ方向を見て確認したり，同じものを同時に別々の視点から見ながら議論したりすることによって思考活動の相互理解が促進されることや立体モデルを使って考えたことをワークシートに書き写すだけでも座標系が変わることで，空間的思考が妨害を受けること

表4-1 平面モデルと立体モデルの長所・短所

	平面モデル	立体モデル
長所	作図等による考え方の記録 →思考過程を可視化できる	満ち欠けや見かけの大きさ・位置等を再現→モデル実験で試行錯誤や検証ができる
短所	あくまで推測，実証不可． →真の納得やイメージが形成されにくい．	モデル思考したことを直接記録できない． →紙に書くまでに視点がずれ，他者にも伝わりにくい．

が判明した．

　以上のように，各天体の位置関係・満ち欠け・見かけの大きさ・動き等の空間的な把握を助けるために，さまざまな立体モデル等が考案され，その教育効果が検証されている．しかし，その多くは，すでに決められた惑星の決められた公転半径の決められた軌道上を公転させ，さらに地球－太陽－他の惑星の角度や相対的な公転速度等を指定している場合が多く，観察や記録が中心となるため，空間的思考の深まりに結びつきにくかった（岡田・小野瀬，2010）．また，学習者相互の考えを可視化し，コミュニケーションを促進するという点では不十分であった．

　一方，平面モデルは，学習者相互の考えを可視化し，コミュニケーションを促進するという点では大変すぐれているものの，あくまで平面図から立体をイメージした推測であって，立体で実証しているわけではない（表4-1）．

　これまで，立体モデルとワークシートあるいは立体モデルと小型のホワイトボード等を組み合わせて使うこともあったが，一体ではなく，別々に使っていたため，立体モデルから別の場所のワークシートやホワイトボードに目を移すときに自己の視点が移動したり，他者の考えや他者の視点に立って考えたりすることがなかなか難しかった．

4.2.2 研究方法

　次の条件を満たすことを目的として平面・立体一体型モデルを用いた探究

教材の開発を行う．

①歴史上の科学者の発見と同じように学習者にも未知の謎解きに挑戦し，発見する喜びを味わわせる．
②仮説を立て，巨大スケールの自然現象が起こるしくみを手頃な大きさのモデルを駆使して考えることの面白さを味わわせる．
③学習者相互の考えが可視化され，学習者同士の興味・関心，コミュニケーションや議論が盛り上がりやすい．
④時間的空間的変化を記録し，連続的な変化を立体モデルと連動した作図で振り返ることができる．
⑤立体モデルをつけたまま公転面を傾けて様々な角度・方向から観察でき，黒板にも立てかけられる．
⑥未知の天体モデルを地球モデル側から見たり，公転軌道の外から見たりすることができるとともにクラス全体にも見せながら発表できる．
⑦教師が周囲から見ても学習活動が把握しやすく，質問したり，発表を促したりできる．
⑧普及を考えて安価に簡単に制作できる．

そこで，ホワイトボード（公転面）の上にスチロール球を天体モデルとして磁石でくっつけて学習者が自由に動かしながら互いの考え方を表現し，可視化できるようにした平面・立体一体型モデルを開発した（図4-13, 14）．この一体型モデルにより，学習者が立体モデルを動かしながら地平線や方位・満ち欠け等の図や文章をホワイトボードに書き込めるようにして自身や仲間の考えを可視化し，理解しやすくした．また，各日時の天体の位置や見え方を記録することで，天体の時間的変化もたどれるようにした．

平面・立体一体型モデルの材料（1セット分）は，直径4cmのスチロール球3個，ゼムクリップ3個，45cm×60cmのホワイトボード（ボタン磁石・ペン・白板消し付き）1枚，セロテープである．短時間で簡易に作成でき，数年間使えるため比較的安価で学校現場にも導入しやすいものと考えられる．

第4章 空間認識能力を育成する教材・教具及び学習指導法の検討　77

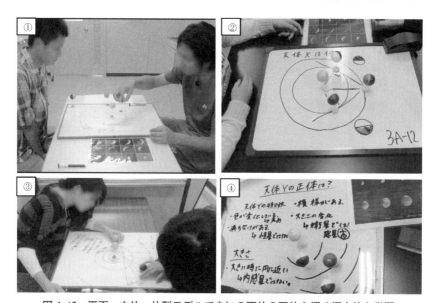

図 4-13　平面・立体一体型モデルで未知の天体の正体を探る探究的な学習
　① 天体X（金星）を調べる大学生　　②天体X（金星）を調べる中学生
　③ 天体Y（火星）を調べる大学生　　④天体Y（火星）を調べる中学生
当時東京学芸大学附属竹早中学校の小野瀬教諭との共同開発（岡田・小野瀬, 2010）

　図4-15, 図4-16は，それぞれアマチュア，国立天文台が撮影した金星，火星の連続写真（年月日付き）で，これをラミネートしたものを学習者に提示する．火星は満ち欠けの変化が小さいため，大きさの変化による距離や世界時から見える方向を正確に推測する必要があり，金星の後で探究した．

第3節　開発した教材・教具及び学習指導法の効果の検証

4.3.1　国立大学附属A中学校3年の天文分野での学習による効果検証の方法

　2013年2月に国立A中学校3年生で平面・立体一体型モデルを使用する実験群2クラス80名，平面型モデルを使用する対照群2クラス80名に対して，

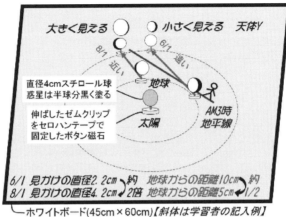

図 4-14 平面・立体一体型モデルの説明図

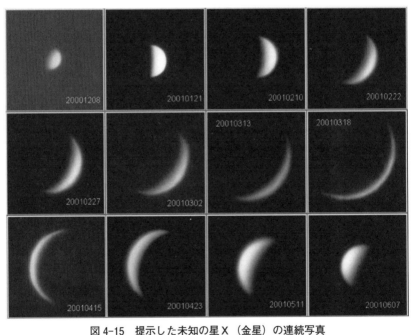

図 4-15 提示した未知の星 X（金星）の連続写真

星の風景（http://www.asahi-net.or.jp/~vd7m-kndu/ven2001.htm）より

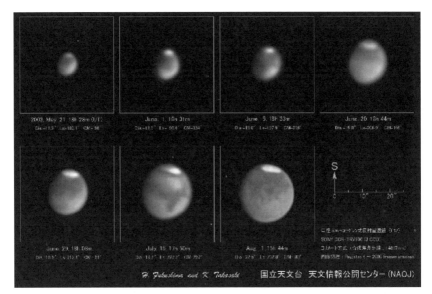

図4-16 提示した未知の星Y（火星）の連続写真（国立天文台HPより）

図4-16の天体Yの連続写真を提示し，Yの正体をさぐる学習を行った（表4-2）．1時間目は自由試行で2時間目は連続写真の形や見かけの大きさの変化の理由を考えさせ，天体Yの正体とその理由について話合わせた．

4.3.2 国立大学附属A中学校3年生の天文分野での学習による検証結果と考察

（1）学習中の学習班のホワイトボードの記述および学習者個人のマイアイデアシートの記述に見られる思考の特徴

　平面・立体一体型モデルを用いた2クラス（実験群）と平面型モデルを用いた2クラス（対照群）の班でよく見られた代表的なホワイトボードの記述例と個人のワークシートの記述例をそれぞれ表4-3，表4-4に示す．生徒が各時間にホワイトボードやワークシートへ記述した内容を分析した結果，生徒の問題解決の方略として，主に，画像の模様や色からアプローチする画像

表 4-2　検証授業の流れ（概説）（●：教師　○：生徒）

		具体的調査方法（生徒A・B 2人班の場合）	
1時間目	天体Yの満ち欠け連続写真の提示	●天体Yの連続満ち欠け写真（図4-16）を提示 ●誰もがよく知っているようなある星の連続写真です． ○月？水星？金星？火星？木星？土星？ ●望遠鏡写真なので上下左右は逆で撮影倍率は全て同じです．何の星の連続写真か予想し，その根拠も書きましょう．	
	各モデルを使って班で対話	A・B 2名でホワイトボードに書き込みながら話し合いを行い，その話し合いの様子をビデオカメラで撮影．あるいは，音声録音（対話AB 1）また，途中の様子をデジタルカメラで撮影．	
	討論後の各自の考え記入	生徒Aの考えとその理由 書き方の細かい指示はしない （マイアイデアシート1 A）	生徒Bの考えとその理由 書き方の細かい指示はしない （マイアイデアシート1 B）
2時間目	理由説明を求める	●どうして連続写真の形や大きさに見えるのか図と文章で説明してみましょう．	
	各モデルを使って班で対話	A・B 2名でホワイトボードに書き込みながら話し合いを行い，その話し合いの様子をビデオカメラで撮影．あるいは，音声録音（対話AB 2）また，途中の様子をデジタルカメラで撮影．	
	討論後の各自の考え記入	生徒Aの考えとその理由 書き方の細かい指示はしない （マイアイデアシート2 A）	生徒Bの考えとその理由 書き方の細かい指示はしない （マイアイデアシート2 B）

指向，公転周期や公転角度の比の計算からアプローチする計算指向，及び満ち欠けや見かけの大きさ，観測地点の位置の推測等からアプローチする作図指向に分類することができた．そして，各指向の観点別に含まれる思考の深まりの程度を表すため，レベル1＜レベル2＜レベル3の3つのレベルを設定した．

　教科書・資料集・インターネット等に見られる写真の色や模様等の特徴をあげたり，惑星の満ち欠けの説明図（特徴：地球が手前に固定化され，模式的な位置に火星が配置され，地球からの距離と見かけの大きさと満ち欠けが描かれている）と同じような説明図を描いたり，「満ち欠けが大きいと内惑星」，「満ち欠けが小さいと外惑星」と言ったりするなど今までの既有の知識をただ適用

したと推定されるものをレベル1に分類した．

　これに対し，模様から表面が気体ではなく，岩石からなる地球型惑星を考えたり，各惑星の周期から3ヶ月の公転角度を計算して天体Yの公転角度と比較したり，遠くの惑星は，みかけの大きさ等がほとんど変わらないはずと考えたりするなど，既有知識をもとに連続写真から得られた情報を一次的に加工して考察したものをレベル2に，また，天体Yの見かけの形状をもとに推測した周期や地球からの距離等との矛盾がないか等複雑な考察を行ったと推測されるものをレベル3にそれぞれ分類した．

　このようにして整理した，問題解決の指向と思考の深まりの分類表を表5に示す．なお，分析に際しては，ホワイトボードを使った班での話し合いの結果の最終的な記述内容とともに様子を記録した動画や音声を参考に，生徒がどのような趣旨で記述しているのかについて確認した．

　また，実際に行われた実験群と対照群の学習活動においてどの程度の思考の深まりが見られたかを分析するために，詳細な観点別表を作成し，ホワイトボードへの記述及びワークシートや対話の記録を分析した．平面・立体一体型モデルを使用したクラス（実験群）の結果を表4-6に，平面型モデルを使用したクラス（対照群）の結果を表4-7に示す．表4-6と表4-7の中の▲△と1・2・3は，それぞれ表4-5の▲△レベルと1・2・3に対応する．

　平面・立体一体型モデルを用いた実験群と平面型モデルを使用した対照群で，自由に調べさせた1時間目を比較すると，表4-5の1～3すなわち1以上のレベルの記述が見られる班の割合は，周期（実験群33%，対照群0%　以下，同順），軌道（61%，7%），図解（28%，0%），日時（17%，29%）であった．また，2時間目においても，周期（59%，17%），軌道（100%，42%），図解（47%，33%），日時（41%，25%）とおおむね平面・立体一体型モデルを使ったクラスの方が，平面型モデルを使ったクラスよりも空間的な思考の記述がある割合が高い．

　さらに，最も空間的な思考が展開され，論理的な思考活動が見られる「軌

表4-3 一体型モデル：1時間目：抽象的な公転のイメージ→2時間目：観測日時及び満ち欠け等から位置推測の例

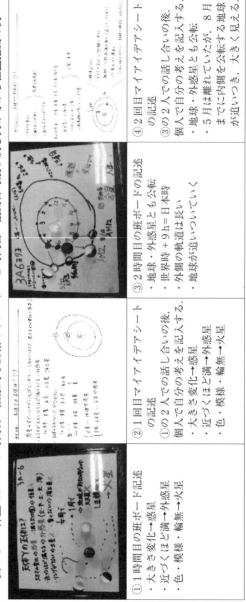

| ①1時間目の班ボード記述
・大きさ変化
・近づく(ほど)満→外惑星
・色・模様・輪無→火星 | ②1回目マイアイデアシートの記述
①の2人での話し合いの後，個人で自分の考えを記入する。
・大きさ変化
・近づく(ほど)満→外惑星
・色・模様・輪無→火星 | ③2時間目の班ボードの記述
・地球・外惑星とも公転
・世界時＋9h＝日本時
・外側の軌道は長い
・地球が追いついていく | ④2回目マイアイデアシートの記述
③の2人での話し合いの後，個人で自分の考えを記入する。
・地球・外惑星とも公転
・5月は離れていたが，8月までに内側を公転する地球が追いつき，大きく見える。 |

第4章 空間認識能力を育成する教材・教具及び学習指導法の検討

表4-4 平面型モデル：1時間目：色・形状からの推測（画像指向）→2時間目：周期からの推測（計算指向）の例

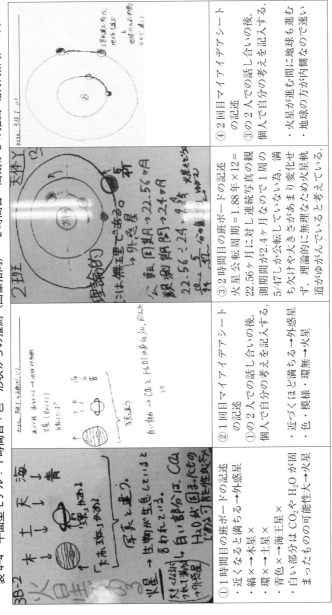

1時間目：色・形状からの推測（画像指向）		2時間目：周期からの推測（計算指向）	
①1時間目の班ボードの記述 ・近くなると満ちる→外惑星 ・縞×→木星× ・環×→土星× ・青色×→海王星× ・白い部分はCO_2やH_2Oが固まったものの可能性大→火星	②1回目マイアイデアシートの記述 ①の2人での話し合いの後、個人で自分の考えを記入する。 ・近づくほど満ちる→外惑星 ・色・模様・環無→火星	③2時間目の班ボードの記述 火星公転周期＝1.88年×12＝22.56ヶ月に対し連続写真の観測期間が2.4ヶ月なので1周の5/47しか公転していない為、満ちかけや大きさがあまり変化せず、理論的に無理なため火星軌道がゆがんでいると考えている。	④2回目マイアイデアシートの記述 ③の2人での話し合いの後、個人で自分の考えを記入する。 ・火星が進む間に地球も進む。地球の方が内側なので速い

表4-5 探究的な学習「天体Y（火星）を特定せよ」における生徒の問題解決の観点と思考の深まりの分類

観点		レベル1 軌道のみ（▲<△<○）	レベル2	レベル3
画像指向	色	青色：海王星×　灰（青）色：天王星× 赤（褐）色：火星		
	模様 （極冠や環含む）	木星：縞模様×　木星：大赤斑× 土星（木星・天王星・海王星は写真の解像度では環を識別不可能）：環× 火星：極に白い物，氷，ドライアイス	表面が気体の渦や縞のようなものではなく固体の地形のように見えることから地球型惑星	
計算指向	みかけの大きさ （地球と天体Yとの距離）	変化→月×	天王星・海王星→大きさすぐに変わらない×	土星・木星→最も遠い時と最も近い時の距離比の最大値で考えても写真の増減比より小さいため×
		大きい→近い 小さい→遠い	みかけの大きさ2倍→距離が1/2	みかけの大きさと距離は反比例 正確な距離比を求めようとする
	公転周期	外惑星→地球（1年）より長い 内惑星→地球（1年）より短い 地球（1年）より長い→外惑星 地球（1年）より短い→内惑星	各惑星の周期から3ヶ月間の公転角度を計算し，これと天体Yの公転角度とを比較しようとする海王星・天王星・土星・木星では周期が長すぎて大きさや形が変わらないはずなので違う	天体Yの公転角度から公転周期を計算し，各惑星の公転周期と比較しようとする
作図指向	満ち欠け	大きく欠ける→内惑星 あまり欠けない，満月状→外惑星	距離が近くなっても大きく欠けない→地球軌道の内側ではない	
		図解：教科書の満ち欠け説明図をそのまま再生	図解：満ち欠け等を自分の思考に基づいて一つ一つ作成	図解：満ち欠けと見かけの大きさから正確な太陽―天体Y―地球の相対的位置（角度）を目指し，各惑星の太陽からの距離や公転周期との矛盾がないか調べようとする

公転軌道	天体Yも地球のいずれか軌道無し：▲	公転軌道は2つあるが天体Yのみ公転．→模式図の影響？△	地球と天体Yをともに公転させている○	各日付の地球の位置を正確に記述しようとする	天体Yの軌道を正確に記述しようとする
見える時（真夜中）	真夜中に見える→外惑星			撮影時刻を計算する（世界時＋9h）内惑星：21h-0h-3h等の一定の幅の時間帯は見えない→外惑星	各位置の地球で撮影時刻の位置を特定し，矛盾がないか確かめようとする

道」と「図解」について2時間目終了時1・2・3の各レベルに到達した学習班が全体の学習班に対してどれくらいの割合かを調べた（図4-17）．

図4-17に示すように，「軌道」については，1・2・3の各レベルとも一体型モデルの方が平面型モデルよりも多く，空間的な思考が多く見られ，かつ，レベルが高まっていると考えられる．また，「図解」についても平面型がレベル1と2に達しているのに対して，一体型モデルではレベル2と3からなるなど，「軌道」，「図解」ともに，空間的な思考のレベルを高める効果が認められる．

平面型モデルを使用した対照群では，自由試行させた1時間目は，ほとんどの班が写真に見られる模様等の特徴から星名を絞り込む画像指向タイプという，全く空間的な思考を伴わない例（表4-4①）が多く，2つ以上の惑星の軌道図を描写した班も約2割にとどまった（表4-8）．2時間目に連続写真の満ち欠けと見かけの大きさに注目するように促されても，「欠けが少ないから外惑星，赤く見えるから火星」という文章による説明で終わり，平面図を使ったそれ以上の見かけの大きさや満ち欠けの様子からの地球と天体Yと太陽の位置関係の推測等に発展することが少なかった．そして，平面図を使ったシミュレーションを行った班においても立体モデルがないため，満ち欠

表 4-6 一体型モデルを使用した A 組の各班の観点別思考の深まり（表中の番号・記号は表 4-5 に対応；黒塗は欠席）

授業	火星1時間目											火星2時間目										
指向	画像指向				計算指向			作図指向				画像指向				計算指向			作図指向			
観点	色	模様	極冠	環×	月×	大小	周期	満欠	軌道	図解	日時	色	模様	極冠	環×	月×	大小	周期	満欠	軌道	図解	日時
1班	1	1		1		1	1		1								1			1		
2班	1		1			2		2	3	2	2								2	3	2	2
3班	1				1	1		1	1											2	2	
4班	1	2		1				2	△									1	2	2		
5班	1	1						1	3								1		1	1		
6班	1	1		1		2	2	2	1								1	2	2	3	3	2
7班	1		1	1		1		1	△	2				1			3		2	2	3	
8班	1							1	△		1									2		
9班	1		1	1					△											1		
10班	1			1				1														
11班																						1
12班	1	2		1		1		1	2	2								1		3	2	
13班			1	1					△									2	2	2	3	2
14班	1			1	1			1	3	3							1		2	3	3	1
15班	1							1	1	1									2	2	2	2
16班		1	1			1		2												1		
17班	1						1	1												1		
18班	1		1				1		1													
実践班	11	9	10	9	4	10	6	15	8	5	3	0	2	0	1	0	5	10	7	17	8	7
班総数	18	18	18	18	18	18	18	18	18	18	18	17	17	17	17	17	17	17	17	17	17	17
実践率	61	50	56	50	22	56	33	83	61	28	17	0	12	0	6	0	29	59	41	100	47	41

表 4-7 平面型モデルを使用した B 組の各班の観点別思考の深まり（表中の番号・記号は表 4-5 参照；黒塗は欠席）

授業	火星 1 時間目											火星 2 時間目										
指向	画像指向				計算指向				作図指向			画像指向				計算指向				作図指向		
観点\班	色	模様	極冠	環×	月×	大小	周期	満欠	軌道	図解	日時	色	模様	極冠	環×	月×	大小	周期	満欠	軌道	図解	日時
1班	1	1	1			1			▲													
2班	1	1		1		1	2	1	△	1									1	△		
3班	1	1		1	1				3		1											
4班	■	■	■	■	■	■	■	■	■	■	■	■	■	■	■	■	■	■	■	■	■	■
5班			1			1		1	△								1			1	1	1
6班	■	■	■	■	■	■	■	■	■	■	■											
7班			1			2		1	△			1					1	2	2	1	1	1
8班	1		1		1	1		1	1			■	■	■	■	■	■	■	■	■	■	■
9班	1				1			1				■	■	■	■	■	■	■	■	■	■	■
10班	1	2			1			1				■	■	■	■	■	■	■	■	■	■	■
11班	1	1	1		1	1		1									2		2	△		1
12班								1			1									△		
13班	1		1																			
14班	1	1	1		1			1			1						2		2	3	2	2
15班	1										1						3		3	3	2	3
16班		1	1			3			2													
17班				1																		
18班																						
実践班	7	5	10	3	3	7	0	8	1	0	4	1	0	0	0	0	7	2	7	5	5	3
班総数	14	14	14	14	14	14	14	14	14	14	14	12	12	12	12	12	12	12	12	12	12	12
実践率	50	36	71	21	21	50	0	57	7	0	29	8	0	0	0	0	58	17	58	42	33	25

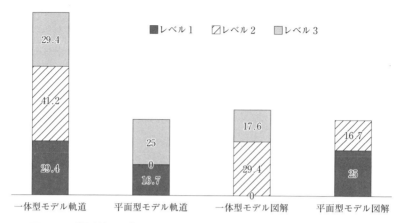

図 4-17 「軌道」や「図解」を根拠にした各班の到達レベルの割合（％）

けから惑星の位置を正確に推測できなかった．また，地球と天体Yの両方をともに公転させるということに気づいた班の割合が一体型の場合の半分（表4-8の2時間目のイ）で，地球を固定化して火星のみを公転させた場合は，時間経過の矛盾等に気づいて試行錯誤をして正しい軌道の発見はいたらなかった．地球も天体Yとともに公転させた例（表4-4③）では，火星公転周期＝1.88年×12＝22.56ヶ月に対し，連続写真の観測期間が2.4ヶ月なので1周の5/47しか公転していない為，満ち欠けや大きさがあまり変化せず，理論的に無理なため，火星軌道がゆがんでいるために見かけの大きさ等が変化しているのではないかと考えている．このような周期の計算に着目した班では，2回目の話し合いの後の個人の考えを書く段階（表4-4の④）で，ほぼ正解に近い所まで進んでも見かけの大きさの違いからの距離比が捉えられておらず，ほぼ等距離になっていた．このように平面型モデルでは，満ち欠けの形や見かけの大きさからの位置関係の正確な推測を行う班の割合が一体型の約半分にとどまり（表4-8の2時間目ウ），空間的な思考を深めるという点では達成できている班の割合は低いと考えられる．

これに対し，一体型モデルを用いた実験群では，平面型モデルを用いた対

照群よりも満ち欠けの位置関係が正確な班が多かった．授業中生徒が自然に立体モデルを動かしていることが観察され，シミュレーションすることのおもしろさを述べた感想も見られ，表4-8のイとウが1時間目，2時間目とも高いのは，動かしたくなる立体モデルがあり，これを使って満ち欠けや見かけの大きさの変化のシミュレーションがしやすく，関心がそれらに向いたためと考えられる．

表4-8 問題解決過程の各到達目標達成割合の比較

	生徒の説明の到達目標	一体型	平面型
1時間目	ア．2つ以上の軌道図を描写	78%	21%
	イ．天体Y・地球ともに公転	44%	14%
	ウ．満欠の位置関係が正確	27%	7%
2時間目	ア．2つ以上の軌道図を描写	100%	92%
	イ．天体Y・地球ともに公転	94%	42%
	ウ．満欠の位置関係が正確	47%	25%

　立体モデルがなかった対照群においても，4班ではホワイトボード用の消しゴム磁石付きのペンを使い，消しゴム部分の膨らみを球に近いものとして考え，マグネットがついている黒っぽい部分を惑星の陰の部分として，軌道上を動かしながら，満ち欠けの陰の形を説明している場面が見られた．

　以上のことから，平面・立体一体型モデルのように，立体モデルがあると（なければその代用品ででも使おうとするくらいに）満ち欠けの形を確認するのに適しており，生徒が自主的にモデルを動かしながら何度も様々な軌道や太陽・地球・天体Yの位置関係や地平線等を予測しながらモデル実験で検証することが手軽にできるものと考えられる．

（2）探究的な学習前後の心的回転課題（MRT）得点の変化

1）実験群（平面・立体一体型モデル）と対照群（平面型モデルを使用）の探究的な学習前後の心的回転課題（MRT）得点の平均を表4-9と図4-18に示す．分散分析を行った結果，次のことが判明した．

　・実験群と対照群を比較すると，学習前は実験群の方が有意にMRT得点

表 4-9 使用モデルによる学習前後の
　　　　MRT 得点変化

モデル	学習前	学習後	n
平面型モデル（ホワイトボードのみ）	32.81	36.27	70
平面・立体一体型モデル	30.27	35.49	69

$F(1, 137) = 5.773$　$p < 0.05$

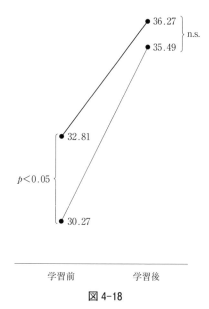

図 4-18

が高かった．
・実験群，対照群ともに学習前より学習後の方が MRT 得点が高かった．
・実験群と対照群を比較すると，学習後は MRT 得点に有意な差は見られなかった．
　このことから次のことが考えられる．
・天体の内容の学習効果と MRT テストへの学習効果，双方が想定される．
・学習前は心的回転が対照群よりも不得意であった実験群が，学習後は対照群と同程度の得点となっていることから，一体モデルの方が，心的回転の向上に効果があると考えられる．
2）1）の結果を踏まえ，どの層に効果があったのか調べることにした．
　事前の MRT の成績で中間群を除いて，MRT 下位成績群と上位成績群ほ

表 4-10 MRT 下位群学習前後得点平均

下位群	学習前	学習後	伸び	n
平面型	24.20	32.45	8.25	20
一体型	21.90	33.00	11.10	20

表 4-11 MRT 上位群学習前後得点平均

上位群	学習前	学習後	伸び	n
平面型	37.5	37.9	0.4	20
一体型	35.9	38.3	2.4	20

ぼ約4分の1ずつとなるように，下位群と上位群それぞれ20名ずつを抽出して事前事後のMRT得点の変化をそれぞれ表4-10，表4-11に示す．

　平面・立体一体型モデルを使用した2クラス全体のMRTの平均点の伸びは，平面型モデルを使用した2クラス全体の平均点の伸びよりも大きい．事前MRTの下位群では，学習前に大きくMRTの平均値に差があったものが，学習後には，平面・立体一体化モデルの方がより大きく伸びてわずかではあるが上回った（ただし，僅差のため，有意差はみられない）．

　このことから，空間認識能力（MRT得点）の低い学習者においては，平面・立体一体型モデルを使った方がより効果が上がったものと考えられる．空間認識能力の低い学習者にとっては，一体型モデルの方が具体的でイメージしやすかったため，空間認識能力がより伸びたのではないかと推察される．

　また，MRTの上位群では，平面型モデルを使ったクラスのMRT得点の伸びはあまり大きくない．一方，平面・立体一体型モデルを使ったクラスの学習後のMRT平均得点は伸びて，学習後の平面型モデルのMRT平均得点を上回った．これらのことから空間認識能力（空間関係）の高い学習者においても，平面・立体一体型モデルを使うことは，意義があるものと思われる．

第4節　開発した教材・教具及び学習指導法に対する現職教員の評価

　日本地学教育学会全国大会において現職教員向けのワークショップが企画され，筆者が講師を依頼された．「最新の研究成果を活かした教材づくり」と

いうワークショップの目的にそって空間的思考を深めるために開発した平面・立体一体型モデルを用いて試行錯誤させる学習を提案し，実際に体験してもらった．このワークショップは，本来の目的とともに，現職教員に平面・立体一体型モデルを使った探究的な学習の教育効果や課題・改善点等に対して率直な評価をしてもらう好機と考え，以下に詳述するような評価を受けた．

4.4.1　研究方法

　平成25年8月に開催された日本地学教育学会全国大会の学校現場教員向けのワークショップへ参加した27名の小・中・高の現職教員に，平面・立体一体型モデルを使った探究的な学習を体験してもらうと共に，実践的見地から当モデルの評価を依頼した．

　ワークショップの流れを表4-12に示す．最初に，月の満ち欠けの原理を説明する際によく使われる図を使って1985年と2007年当時の児童・生徒の空間概念の特徴を概観し，女子は男子よりも理解しにくいこと，受動的視点移動は能動的視点移動よりも理解しにくいこと，小学生でも全問正解者がいる反面，大学生でも個人差が大変大きいこと，中学校3年生でも球形概念や左右概念などの定着率が約4割にとどまることなどを説明した．

　次に，平面図とさまざまな立体モデルを使った授業による定着率の比較をした結果を示すとともに，立体モデルを使っても空間的な思考が深まりにくかったことを説明した．

　また，太陽，地球，金星が様々な位置関係にある時の金星の満ち欠けを，地球に取り付けたCCDカメラから撮影した映像と，太陽系の外から見た立体モデルの両方を同時に見ることができる教具を使ったシミュレーション教材においても，ワークシート等の記録と立体モデル，学習者の視点が移動する為，時間とともに移り変わる様子を記録することが難しいため，理解しにくいこと等を伝えた．

　このような状況の中で，立体モデルに磁石をつけてホワイトボード（公転

表 4-12 ワークショップの流れ（概要）

ワークショップの流れ
1．導入および先行研究の説明 （1）児童・生徒の空間認識の特徴の説明 　①半球概念（球に光が当たると光源側の半球が明るくなることがわかる）の特徴 　②球形概念（斜めから見たとき陰陽の境界がカーブすることがわかる）の特徴 　③左右概念（対象を見ると，左右が逆になることがわかる）の特徴 　④個人差が大変大きいこと． 　⑤男子に比べて女子の方が空間認識が定着しにくい傾向があること． 　⑥観察対象の位置を固定し観察者が動く能動的視点移動の方が，観察者の位置を固定し観察対象が動く受動的視点移動よりも理解しやすいこと． （2）これまでの各種モデルの課題とその解決の方策
2．平面・立体一体型モデルの制作と体験 （1）時空間の謎解きに誘う平面・立体一体型モデルとそれを用いた探究教材開発の趣旨説明 （2）平面・立体一体型モデルの材料・作り方の説明，及び制作 （3）平面・立体一体型モデルと天体X（金星）・天体Y（火星）の連続写真を使った探究的な学習の体験
3．事後アンケートの実施 （1）平面・立体一体型モデルは，平面モデル（ホワイトボード）のみと比べて有効と思われますか？（理由） （2）平面・立体一体型モデルは，立体モデル（スチロール球）のみと比べて有効と思われますか？（理由） （3）平面・立体一体型モデルと連続写真を使った探究的な学習で学習者にどんな力が付くと思われますか？

軌道）上を自由に動かすことが可能であり，観察する学習者の視点を大きく動かすことなく，観察内容をすぐに記録でき，さらに時間の経過とともにどのように移動したかについても記録できる平面・立体一体型モデルを提示し，①〜⑧の条件のクリアを目指した開発意図を説明した．

　①歴史上の発見と同じように学習者に発見の喜びを味わわせることができる．
　②仮説を立て，モデルを駆使して考える面白さを味わわせることができる．
　③モデルは学習者が自由に試行錯誤を繰り返しやすい大きさである．
　④学習者相互の考えを可視化し，コミュニケーションが図りやすい．

⑤時間空間的変化を記録し，連続的な変化を振り返ることができる．
⑥立体モデルをつけたまま公転面を傾けて様々な角度から観察できる．
⑦立体モデルをつけたままで黒板に立て，全体に発表できる．
⑧興味や普及を考えて身近なもので安価に簡単に制作でき，気楽に使える．

さらに，これらの考案意図の目的を達成するため，未知の天体X（金星：図 4-15）や天体Y（火星：図 4-16）の連続写真を提示して，天体Xや天体Yの正体をさぐる探究的な学習を行った授業の展開例を説明した．

以上の説明をした後，参加者は，平面・立体一体型モデルを組み立てて，実際に天体XやYの正体を探る探究的な学習を体験した（図 4-19）．

参加者にとってこのような学習は全く未体験であったようで，当初は，少し戸惑っている参加者もいたが，ほぼ全員が 2～3 名のグループで密に相談しながら正しい軌道を求めることができた（図 4-20）．

最後に，本教材・教具のさらなる改善に役立てるために教材・教具作りに関心が高いと考えられるワークショップ参加者に教材・教具に関する評価アンケート（表 4-12 の 3）を行った．

4.4.2 結果と考察

表 4-13 に，問 1「平面・立体一体型モデルは平面モデル（ホワイトボード）のみと比べて有効と思われますか？」，問 2「平面・立体一体型モデル

表 4-13 アンケート結果（問 1・2 とも平面・立体一体型モデルとの比較に対しての回答）

（表中の 4：よく当てはまる　3：少し当てはまる　2：あまり当てはまらない　1：全然当てはまらない）

	4	3	2	1	無回答
1．平面モデル（ホワイトボード）のみと比べて有効と思われますか？	15	12	0	0	0
2．立体モデル（スチロール球）のみと比べて有効と思われますか？	13	11	2	0	1

第4章 空間認識能力を育成する教材・教具及び学習指導法の検討　95

図 4-19　未知の天体の正体を探る探究活
　　　　 動中のワークショップ参加者

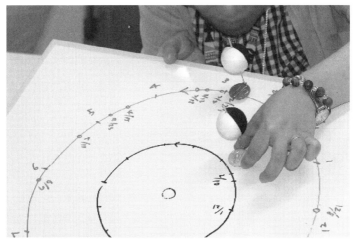

図 4-20　参加者が仮説検証しながら観察し，ホワイトボードに記録している様子

は立体モデル（スチロール球）のみと比べて有効と思われますか？」に対する回答の集計結果を示す．

表4-13に示したように，平面・立体一体型モデルの有効性について，平面モデルとの比較においては全ての参加者が肯定的に回答している．また，立体モデルとの比較では，2名が否定的，1名が無回答であったものの，その他の参加者は全て肯定的に回答している．このため，全般的に，平面・立体一体型モデルは従来のモデルと比較して有効であると評価されたと考える．

また，有効であると判断された理由や課題について検討するために，ワークショップの参加者が問1，問2で平面・立体一体型モデルの教育効果の程度を判断した理由を整理した．その結果を表4-14，表4-15に示す．

平面モデルとの比較に関する記述を整理した表4-14に示したように，4の回答者は，「立体でいろいろな角度から見て考えることができる．」，「地球－天体間の距離と見かけの大きさの関係を思考させることに適当であると思う．」，「立体モデルは，両者を動かすことができ，影の部分も立体的に見えるため，空間把握がより深まると思う．」，「動きを頭の中にイメージしようとする様になる．」等の長所があげられた．このように，平面・立体一体型モデルは，平面モデルに比べて立体モデルがあることでさまざまな角度からの満ち欠けや距離による見かけの大きさの変化を観察できたり，2つの立体モデルを同時に動かしたりしてシミュレーションできることや，何回もこれらを繰り返すことで，空間把握がより深まり，動きを頭の中にイメージしようとするようになると評価されているものと推測される．

一方，3の回答者は，「満ち欠けを変化させて見ることができる点」，「実際に手にとって操作することは有効である．」，「視点を動かすことができる．」等の長所と共に，「一つ一つの位置関係を押さえることは有効，しかしそれを思いつかず，聞いていた生徒は定着しない心配があります．」，「「できる子」（たとえば白黒の半球のように同一物体でも見る方向がちがうと形がちがって見えるということが理解できる子）にとっては，自分の知識の再確認ができる

表4-14 平面モデル（ホワイトボード）のみと比較した場合の平面・立体一体型モデルの評価（左欄の数字は問1の回答番号）

	理　由
4	立体でいろいろな角度から見て考えることができる． 一緒に使うホワイトボードも試行錯誤できてよいと思う． 公転面の概念がよく分かる．宇宙の広がり，周期など多角的にものごとをとらえられる． 地球及び観察対象の天体も動くことが体感でき，地球－天体間の距離と見かけの大きさの関係を思考させることに適当であると思う． 具体的にイメージをしながら理解できる． 平面モデルの欠点がよく分かる． スチロール球を動かしながら考えるのでイメージしやすい． 2つのものが同時に動くといったことが分かりやすくなると思う． 立体モデルは，両者を動かすことができ，影の部分も立体的に見えるため，空間把握がより深まると思う． 大きさの違いが実感できる．全てが動くということが考えられる． 地球が公転しながら運動を考えることができる． 平面での動きと立体での動きを結びつけることができるため． 試行錯誤はあると思うが，地動説に導きやすいと思う． ダイナミクスがある． 動きを頭の中にイメージしようとする様になる． 惑星の夜・昼が明確 自分の手で動かせるから
3	満ち欠けを変化させて見ることができる点 視点を動かすことができる． 惑星間距離に対し，惑星（地球・金星・火星）の大きさがモデルでは違いすぎていることを，考えの上で補ってモデルを見る必要がある． 一つ一つの位置関係を押さえることは有効．しかしそれを思いつかず，聞いていた生徒は定着しない心配があります． 自由に軌道を書いてしまうと，周期がおかしいことになってしまう．軌道はあらかじめ制限した方が良いのではないか？気づかない子がいるとそのままいってしまうのではないだろうか？（条件の制御） 実際に手にとって操作するのは有効である． 軌道をある程度正確にかいておかないと天体間の距離感をつかむのは厳しいという気がする． 半球を黒ぬりしてしまっているので，地軸の傾きを考慮して天体を動かしながら，というのは難しい． 軌道のモデル化を，数字（距離）の提示なしにするとモデル実験の結果に差がでるので，段階の途中で入れた方がいいかなと思いました． 軌道線がより実際に近く描けるのであれば4（よく当てはまる），フリーハンドな

> のでイマイチ誤差がでてしまう．
> 実際の天体の位置関係と満ち欠けを目視できるので理解しやすいと思います．ただ，地球を固定して考えたあと，地球も公転させる方が混乱が少ないのでしょうか？"位置関係と満ち欠け" "公転周期"別に学習した方が良いのではないでしょうか？
> 「できる子」（たとえば白黒の半球のように同一物体でも見る方向がちがうと形がちがって見えるということが理解できる子）にとっては，自分の知識の再確認ができると思われるのが，「できない子」（対象までの距離がちがうと，見かけの大きさが違って見えるということすら理解できない子）にとっては，地球も惑星も別々に動かして考えるということは，さらに理解を困難にするのではないか．自分の立ち位置は動かさないで，まず，どういう変化が観察されるかをおさえる所から始めないと……
> 「地球からみた天体の形」注目しづらい．金星（火星）のみ立体であとは2次元的でいいと思う．

と思われるのが，「できない子」（対象までの距離がちがうと，見かけの大きさが違って見えるということすら理解できない子）にとっては，地球も惑星も別々に動かして考えるということは，さらに理解を困難にするのではないか．自分の立ち位置は動かさないで，まず，どういう変化が観察されるかをおさえる所から始めないと……」といった課題や改善点をあげている．これらについては，講習の中でも少し触れたが，観察者を固定して動く観察対象を観察する受動的視点移動よりも，観察対象を固定して観察者の方が動きながら観察する能動的視点移動の方が定着しやすいこと，「月の満ち欠け」の学習の前に，「地球の満ち欠け」を学習した方が効果的であることが判明している（岡田1985，2009）．このことから，まず，平面・立体一体型モデル上に唯一置いた地球を想定した立体モデルをいろいろな方向から観察し，必ず太陽から見て反対側の半球が夜になることを確認し，能動的視点移動で満ち欠けがわかるようにしてから，地球の自転と正午・真夜中・朝方・夕方の位置を調べる．そして，地球の立体モデルの位置から地球の周りを回る月の立体モデルを受動的視点移動で観察するようにしている．さらに，1年や1日の星座の移り変わり，南中高度等の課題をモデル実験と作図で解明しながら，最終的に惑星の満ち欠け等の課題を行う．このような一連の学習を，平面・立体

表 4-15 立体モデルと比較した場合の平面・立体一体型モデルの評価（左欄の数字は問2の回答番号）

	回　答　内　容
4	ホワイトボードにかきこみができるのでよい． 作図と動きを両方できる． 小学生の場合，月の満ち欠けが学習課題になるが，このセットで月の動きを考えさせるのによいと思った． 立体モデルだけだと書きこめないので，自由に書き込めると見やすくてよいと思う． 時間・位置の関係が理解しやすい（考えやすい）． 立体を平面上で動かしてこそこのモデルだと思う． 授業内で不可能な観察の疑似体験をスモールスケールで行っている． 具体的にイメージをしながら理解できる． スチロール球を自由に動かせるのでよい． 月ごとの位置関係を意識するので理解が深まる． 何月かを把握しやすい． 自分で試行錯誤しながら考えることができる． 実際に動かしながら，見て学習，考えることができるから． 実際の現実味がより深まる． 自分の視点で，位置を観測できるので．
3	ホワイトボードに位置や日付を記録できるため，平面と立体を組み合わせることに価値があると考える． 平面とリンクすることで，一連の動きが分かりやすくなると思う． 立体モデルを動かすだけでなく，記録できるのはよいと思います． 位置関係を見いだすモデルとしてはすばらしい．しかし，複雑な課題なので，生徒は一つ一つ分かっても，まとめることが困難かもしれないので，班ペアでの話し合いの後に一人でやる必要（余裕）が欲しいです． 3つの位置関係を見ることになるので，平面にのせて地軸を固定してとなるとある程度自由をしばらないと考えられない． 平面の軌道がないとこの問題は考えづらいので． 金星の見え方の移り変わりはよく分かりました． 天体間の距離と角度の問題の方が大きいと考えます． なれるのに時間がかかるかもしれない． 確かに有効だと思うが，半分色をつけた磁石を動かすのとどう違うのか．（あまり伝わってなくてすみません） （理由無回答）
2	観測者まで動いてしまうのは，「できない子」には，とことん理解しにくいと思われる． 両者の差違がこの短時間の説明では理解できなかったから．
無回答	実際に比較していないのでわからない．

一体型モデルを活用しながら比較的単純な学習から始め，徐々に複雑な学習に進むカリキュラムを考えている．

しかし，指摘されたように学習者の理解度を確認しながら進めていくことは重要である．このため，さまざまな教員が使ってもうまくいくように，天体学習の進度とともに徐々に難易度の高い課題を平面・立体一体型モデルを使って探究していく流れとともに確認の為のシート等の開発も検討したい．さらに，本ワークショップでは時間的余裕がなかったが，実際の中学生等への授業では，班ごとの探究を前提とするモデルのメリットを活かして，学習者間の空間概念のレベルの差を埋めるとともに，学習者相互の考えの詳細を可視化し，コミュニケーションをさらに促進する効果について学習者がより実感できるようにしている．また，別の課題としてあげられた「地軸の傾きを考慮して天体を動かしながら……というのは難しい．」というのももっともで，あらかじめ，南中高度の季節変化を考えるとき以外は地軸を垂直に立てておくことを徹底しておく必要がある．

次に，立体モデルとの比較に関する記述を整理した表4-15に示したように，4の回答者は，「作図と動きを両方できる．」，「時間・位置の関係が理解しやすい（考えやすい）」，「月ごとの位置関係を意識するので理解が深まる．」，「自分で試行錯誤しながら考えることができる．」といった長所をあげている．

一方，3の回答者は「ホワイトボードに位置や日付を記録できるため，平面と立体を組み合わせることに価値があると考える．」といった長所と共に，「位置関係を見いだすモデルとしてはすばらしい．しかし，複雑な課題なので，生徒は一つ一つ分かっても，まとめることが困難かもしれないので，班ペアでの話し合いの後に一人でやる必要（余裕）が欲しいです．」という要望があった．この要望については，時間的都合で，講習の中では触れなかったが，実際の中学生や大学生に行った検証授業では，2～3人の班で話し合って考え，発表した後で，個人でワークシート（マイアイデアシート）に図と文章で未知の天体の正体についての自分の考えとその理由をA4の紙にしっ

第4章　空間認識能力を育成する教材・教具及び学習指導法の検討　　101

表4-16　問3「平面・立体一体型モデルと連続写真を使った学習で学習者にどんな力が付くと思われますか?」の回答

身に付く力	回　答　内　容
思考力・判断力・表現力	実際の動きを考え，そしてかなり近い動きが再現できるので，思考力・想像力が付くと思う． 空間の思考力・位置関係の想像 モデルと写真を比較することで：論理的 思考力の強化（空間認識）につながる 空間的に考える力 空間的な位置関係をより具体的にイメージすることができそう． 観察・実測結果を論理的に考え，法則を理解する事 Aが動くと……Bが動いて……こう見えて，（A∩B）→Cという論理性 いろいろな情報を実際に反映していって観察結果と比べることで論理的な思考につなげられる． 科学的・論理的な考え方． データを分析する力・ボードを中心にいろいろ考え発信する力 データを読み解き，他人に説明する力，自分が分かっただけでなく，そのわかったことを言葉や図示することで他人に伝える力だと感じました． 実際にこのように動いている様子が伝わる．
知識概念理解	形（満ち欠け）の変化 男女差はあると思うが，高校生でも天動説だと思っている生徒もおり，地動説について理解することができると思います． モデルを使えるようになるまでの時間と予備知識（公転周期，満ち欠けなど……）の獲得さえ努力すれば，おもしろいと考えられます．形と大きさの理解は万能かと思われます． 惑星も地球もともに動いていることがモデルと写真とを対応させて理解することにより，「なるほど」とわかる点が優れていると思います．その理解をした上で，地球を固定し惑星だけが動く図を理解するようにすれば後の図がより良く理解できるようになると思います． 地球も含めて星はすべて動いているのではないかという概念． 火星が望遠鏡写真で左右反転している，しかも満ち欠けをほとんどしない天体というところでこのモデルを使うとき，すごく難しく感じました．（外惑星は公転周期が遅いという基本的な情報を知らないとよく分からないだろう．） 高校地学の履修者は，惑星現象の理解を再確認する為には有効かもしれない．（中学生には高度過ぎるのではないか）
探究の技法	予想→結果→考察という流れがつくりやすい． 間違いに気付くことができるか検証するために仮説を立てることができるかといった思考力がつくと思う

> 「観測した映像→天体運動の推理」この思考パターンをつくれる．
> 観察の疑似体験がよかった．
> 探究する力
> 自力で考える力が深まるように思う．
> 知識を最初に与えるのでなく自分で考えさせることで真の学力がつくられるように感じました．
> 自由に軌道をかけて，時間の経過とともに見え方がちがうことに気づくことができる点はよいと思います．
> 実際の観測写真と結びつけて学習することで，単なる入試対策やモデル実験のみの理解で止まることを防ぐことができると考える．
> 自分たちで議論しながら考えていくことはできると思います．しかし，理解するのに少し苦労するように思える．小学校では，地球を固定し，月を動かして満ちかけを考えるものがありますが，これでもなかなか理解が難しい領域です．このホワイトボードをもう少し応用できないか考えてみようと思います．ありがとうございました．

かり書くように設定している（表4-2）．

　表4-16に問3の「平面・立体一体型モデルと連続写真を使った探究的な学習で学習者にどんな力が付くと思われますか？」についての結果を示す．表4-16に示したように，「実際の動きを考え，そしてかなり近い動きが再現できるので，思考力・想像力が付くと思う．」，「思考力の強化（空間認識）につながる」，「空間の思考力・位置関係の想像」，「空間的な位置関係をより具体的にイメージすることができそう．」等，空間的に推理する力や想像する力が付くと考えられている．また，「Aが動くと……Bが動いて……こう見えて，（A∩B）→Cという論理性」「科学的・論理的な考え方」「観察・実測結果を論理的に考え，法則を理解する事」「いろいろな情報を実際に反映していって観察結果と比べることで論理的な思考につなげられる．」等に見られるように論理的思考力がつき，論理・法則に気付く力が付くと考えられている．さらに，「データを読み解き，他人に説明する力，自分が分かっただけでなく，そのわかったことを言葉や図示することで他人に伝える力だと感じました．」，「ボードを中心にいろいろ考え発信する力」等，班内やクラスのみんなにボードと立体モデルを使って図や言葉で説明する表現力がつくと

考えられている.

　一方,「火星が望遠鏡写真で左右反転している,しかも満ち欠けをほとんどしない天体というところでこのモデルを使うとき,すごく難しく感じました」等の意見もあった.ワークショップの時間の関係等で,ていねいな説明が不足していたものと思われるが,未知の天体Y（望遠鏡写真撮影：火星）の前に未知の天体X（望遠カメラ撮影：金星）の満ち欠けを学習することや,それより以前は地球の朝・真昼・夕・真夜中や方角,地球の満ち欠け,月の満ち欠け,1日や1年の星座の移り変わり,南中高度等の課題をモデルで考えていく一連の学習経験を積みながら,徐々に課題のレベルを上げるようにしているため,今回のワークショップのようにいきなり火星のように満ち欠けが小さく望遠鏡で上下左右が逆転した画像を扱った場合より,スモールステップで少しずつレベルを上げているため分かりやすく,かつ,やりがいもあるものと考えられる.

4.4.3　現職中学校理科教員へのインタビュー

　日本地学教育学会全国大会のワークショップでのアンケートに見られた平面・立体一体型モデルを使った探究的な学習に対して,「できない子」（対象までの距離がちがうと,見かけの大きさが違って見えるということすら理解できない子）にとっては,地球も惑星も別々に動かして考えるということは,さらに理解を困難にするのではないかとの現職教員の一部の意見があった.

　このワークショップでは,地学教育に興味をもつ現職教員のワークショップ参加希望者が対象で,小学校から高校までの幅広い方々が参加されていて,かつ,アンケートの回答時間も大変少なかったたため,開発した教材・教具や学習指導法の開発目的の対象である中学3年生を教える中学校の理科教員に時間的余裕をもった状態で,開発した教材・教具を用いて2名の学習者で探究的な学習を行う学習指導法の評価について,新たに中学校理科教員13名（表4-17）にインタビュー調査を行った.経験年数や本格的な研究歴が偏ら

表 4-17　インタビューした教員と研究歴

	経験年数	本格的な研究歴
A	約10年	△
B	約20年	△
C	約20年	△
D	約20年	△
E	約20年	○
F	約20年	○
G	約20年	○
H	約30年	○
I	約30年	△
J	約30年	△
K	約30年	△
L	約30年	△

ないように，実際の学校現場の平均的な中学校理科教員の母集団の傾向に近づくようにインタビュー回答者を選出した．

〈インタビュー方法〉

　まず，教材・教具の開発意図を説明した後，実際に未知の天体X（金星）の連続写真と平面・立体一体型モデルを使って天体Xの正体を探る探究的な学習を体験してもらった．そして，使用した平面・立体一体型モデルを見ながら，次のインタビュー内容を質問した．

〈インタビュー内容〉

> 2名の学習者のペアで平面・立体一体型モデルを使って授業を行うときに，あらかじめ特定した惑星の立体モデルの満ち欠けを観察する授業と満ち欠けの連続写真から星の名前を探る仮説検証型の授業とでは，どちらの方が教育効果をあげると考えられるかについて問うた．

〈結果と考察〉

　インタビューの回答内容を表4-18に示す．インタビューを行った12名の中学校理科教員のうち，IとK以外は，観察型の授業では，課題意識が弱く，結果的に一時的な納得・表層的な理解になってしまうため，何回もシミュレーションしながらより深く考える仮説検証型授業の方がより大きい効果があると推測した．

　一方，IとKの教員は，空間的な思考が苦手な生徒同士が班となった場合の仮説検証型学習の困難性を推測した．これまでの中学生の検証授業等により，空間認識能力の下位群の学習者が平面・立体一体型モデルによって心的

第4章　空間認識能力を育成する教材・教具及び学習指導法の検討　　105

表4-18　インタビューでの中学校理科教員の回答内容

教員	回答内容
A	今まで天文を教えるのが苦手だったのですが，この（一体型）モデルで生徒がいろいろと失敗しながら何度も考えさせることができたら空間的に見る力が比べものにならないほどつくと思います．時間がかかったとしても仮説検証型の授業の方が効果が上がると思います．
B	気体の性質をやった後で，未知の気体の正体を探る探究学習をした時は，本当に盛り上がったので，おそらく生徒は，今までの知識を使って，結構盛り上がって考えると思います．
C	仮説検証型の授業は，かなり時間がかかるけれど，生徒が自分が発見する喜びを感じることができ，実際に立体モデルがあるため本当に分かるまで何回もやり直して，調べることができ，連続写真もあるため，どうにか調べることができ，力もつくと思う．
D	天文の学習後の定着が悪いのは，観察しただけで，わかったような気になって，少しでも違う場面になると全くできないので，本気で頭を総動員して考える（仮説検証型の）授業の方が力がつくと思います．
E	既習内容を使って仮説検証型の授業をする方が，思考は当然深まるんじゃないかと思います．この教材は，写真や一体型モデルも適切で，十分生徒に探究活動をさせることができ，相当な力がつくんじゃないでしょうか．
F	生徒はよく，教科書の解説図を見て分かったような気になって，深く考えないため，空間的な思考力は，すぐに身につかないと思います．観察のみでは，それとあまり変わらず，目をつぶっても想像できるようになるのは何回も見て考えてを繰り返さないと無理だと思います．
G	立体モデルを使って観察すると意欲的に取り組むが，その時は，分かったような気になるが，あまり空間的に見る訓練になりにくく，結局，別の問題設定では，空間的に見ることができない．探究的に取り組んではじめてそのような空間的に見る力がつくと思われるのではないか．
H	念頭能力は，数学等でも重要視されているが，単に現象を観察しても，他に応用できるような空間操作能力の向上は図れないと思われ，生徒が立体モデルや作図を使って主体的に考え，相当な試行錯誤をしないとだめだと思うので，仮説検証型の授業の方が当然効果があがると思う．
I	比較的能力の高い生徒がいればできると思いますが，バラバラに班を決めると，どうしてもいくつかの班が能力の低い生徒同士ができて，全く学習がすすまない可能性があり，学力差が大きくなって，能力の高い生徒は伸びるかもしれないけれど，能力の低い生徒は，ますますできなくなる可能性があるため，おもしろそうだけど自分なら正直やらないと思います．

J	観察だけでは理解が浅いため，なかなか身につかず，学習した後で，また，復習するようになるので，最初にやるときから分かるまで探究的に調べる方が効果的と考えます．
K	天文はむずかしいため，途中であきらめて，定着以前の入力で躓いてしまうことがある．中学校の教員をやっていれば，本当にできない子を見たことがあると思うが，本当にできない子がペアになったときにこの課題をこの（一体型）モデルを使ったとしてもなかなか最後までたどりつけないのではないか．
L	長い間やってきて，天文はなかなか身につかない．ちょっと観察しただけでは，ほとんど忘れてしまっておしまいになるので，こんな風に（仮説検証型で）納得するまで何回も挑戦する中で自分の頭の中で動かせるようになってくるんだろう．

　回転課題の得点が比較的伸びが大きかったことから本当に空間認識能力の低い学習者同士になると一体型モデルを使った探究的な学習で伸びないのか，また，経験的に効果があるのではないかと考えられる高い生徒と低い生徒をペアにすることでより，高い教育効果が得られるのかを調べ，事前に簡易に空間認識能力を調べて，効果が検証できれば，よりよい教育効果をあげる集団構成法を教育現場に提案できるのではないかと考えた．

第5節　空間認識能力を育成する集団構成法の開発と効果の検証

4.5.1　空間認識能力を育成する集団構成法の開発

　従来は，空間認識能力の個人差が大きいと推測されるにもかかわらず，生徒の空間認識能力を把握しないまま，授業が進められてきた．現職中学校理科教諭へのインタビュー調査から得た，空間認識能力が低い学習者同士では探究学習が難しいのではないかという指摘をもとに，学習前に簡易調査で空間認識能力を把握し，まず，2013年9月に中学・高校教員免許の取得を目指すK大学2年生に協力を求めて，空間認識能力の高い学習者と低い学習者をさまざまに組み合わせる指導法でどのような違いが生じるかを調査した．

　その結果，被験者は少ないものの，空間認識能力の高い学習者と低い学習

者を組み合わせた方が，空間認識能力の高い学習者同士や低い学習者同士と比べて議論が活発で，かつ2人班（ペア）で探究学習中に書き込んだ平面・立体一体型モデルのホワイトボードや個人で書き込んだマイアイデアシートの記述から理解が進んでいる状況が見られた．

このことから，心的回転課題やボールの満ち欠けのアンケート等で空間認識能力を簡易に調査して，空間認識能力が高い学習者と低い学習者を組み合わせることで，学習者の対話が活発化して，議論が深まり，空間認識能力も伸びる集団構成法ではないかという仮説を立てた．

この仮説（集団構成法の効果）を検証するため，まず，大学生に予備調査を行った上で，中学生を対象とした本調査を行った．

4.5.2 大学生を対象とした予備調査

前小節でK大学2年生への試行をもとに開発した集団構成法について，本小節では，中学生へ実施する本格調査とほぼ同様の設定で，小規模ながらK大学4年生を対象として，平面・立体一体型モデルを使った探究学習の前後に空間認識能力を正確に測定して，集団構成法の教育効果を調べる予備調査を行った．

空間認識能力を伸ばすためには，ペアの学習者が協働で探究し，活発に議論して，同じものを見ながらお互いの考えを変えるくらいに影響し合うような対話が効果的と考えられる．各種の空間認識能力の学習者ペアによる協働学習を行う中で，どの程度議論が深まり，どのような知識の協同構成場面における相互作用が行われているかを解明するため，教科教育，認知心理学関係の対話分析の先行研究の調査を行った．その中でBerkowitz & Gibbs (1983) の相互作用のある対話（Transactive Discussion：TD）の分類が相手の考え方にどれだけ深く影響を与えているかについての議論の深さの質的分析に有用と考えられた．

課題の提示，フィードバックの要請，正当化の要請，主張，言い換え，併

表4-19 表象的トランザクション

R1 課題の提示	話し合いのテーマや論点を提示する.
R2 フィードバックの要請	提示された課題や発話内容に対して,コメントを求める.
R3 正当化の要請	主張内容に対して正当化理由を求める.
R4 主張	自分の意見や解釈を提示する.
R5 言い換え	自己の主張や他者の主張と,同じ内容を繰り返して述べる.
R6 併置	他者の主張と自己の主張を並列的に述べる.

表4-20 操作的トランザクション

O1 拡張	自己の主張や他者の主張に,別の内容を付け加えて述べる.
O2 矛盾	他者の主張の矛盾点を,根拠を明らかにしながら指摘する.
O3 比較的批判	自己の主張が他者の示した主張と相容れない理由を述べながら,反論する.
O4 精緻化	自己の主張や他者の主張に新たな根拠をつけて説明し直す.
O5 統合	自己の主張や他者の主張を理解し,共通基盤の観点から説明し直す.

置のように他者の考えを引き出したり,単に表象したりする表象的トランザクション(表4-19)は,お互いの考えが反応し合って発展することは少なく,拡張,矛盾,比較的批判,精緻化,統合のように互いの考えを変形させたり,認知的に操作したりする操作的トランザクション(表4-20)は,お互いの考えを参考にしながら反応し合って発展させるもので議論や考えが深まることが期待される.

そこで,この表象的トランザクションや操作的トランザクションに着目して学習者同士の相互作用のある対話の深まりを分析することにした.

探究学習中に集団構成の違いによって空間認識能力の伸びの違いが起こる原因を探るために,動画撮影して学習者の関心意欲の高まりや,学習者間の相互作用のある対話の深まりを分析した.以下にその詳細を述べる.

対象:中学・高校の教員免許取得を目指すK大学4年生
時期:2013年と2014年の教育実習終了後に実施
方法:1.天文学習の前に,心的回転課題やボールの満ち欠けのアンケート

等で空間認識能力を簡易に調査し，心的回転課題の得点で高い学習者と低い学習者に分ける．次に，①空間認識能力の高い学習者と低い学習者のペア（実験群：12名），②高い学習者同士のペア（対照群：6名），③低い学習者同士のペア（対照群：6名）の3種類の学習班をつくる．

2．①②③それぞれ，平面型モデルと平面・立体一体型モデルを使って天文学習を行わせ，Berkowitz & Gibbs（1983）が提唱した表象的トランザクション（表4-22）と操作的トランザクション（表4-23）の手法を用いて，学習中の対話の質や深まりの分析を行う．

3．学習後に学習前と同じ方法で空間認識能力を調査し，学習前の空間認識能力と比較する．

4．学習前後の空間認識能力と対話の分析から学習効果を比較検証する．

結果と考察：まず，40点満点の心的回転課題の得点の違いに基づいて学習者（大学生）を空間認識能力の高いグループ（28点以上）と低いグループ（24点以下）に分けた．

①高い学習者と低い学習者，②高い学習者同士，③低い学習者同士のペアが行った探究学習中に，①②③のペアの中でそれぞれに典型的な対話が見られたペアの対話を表4-21，表4-22，表4-23に示す．また，これらの平面型モデルでの対話の当初と後半，平面・立体一体型モデルの当初と後半の対話内容のハイライトについて，表象的トランザクションと操作的トランザクション（太字）に分類したものを表4-24，表4-25，表4-26に示す．

さらに，学習ペアの各種空間認識能力の変化と対話・発見等の様子との関係を表4-27に示す．なお，40点満点の心的回転課題の得点等は，学習前が10～20点台の低い得点の場合は学習後に伸びやすい傾向があり，逆に，学習前が30点台後半の場合，学習後に得点が伸びにくい傾向がある．また，ボールの満ち欠けのアンケート等で空間認識能力の各概念の定着の程度については複雑で，数値では表しにくいため，4段階で達成度を評価することにした．

表 4-21　空間認識能力の高い学習者と低い学習者のペアの探究学習の様子

流れ	U（空間認識能力高い）：写真左（前半）	T（空間認識能力低い）：写真右（前半）
課題を設定	金星の半年間の満ち欠けの連続写真を見せて「これはある星の半年間の満ち欠けの様子を写した写真で，倍率は全部同じなのだけど，何という星かね？」と聞く．学生から「ヒントはこれだけですか？」と聞かれ，「はい．」と答えた．	
星の名の予想と理由をワークシート1に書く．	地球から見た星の写真は半年かけて半月状態から逆が半分欠ける半月状態になっていることから考えてほぼ1年周期なので，月ではなく何か惑星だと思う． 茶色っぽいので，木星か火星のどちらかではないか？	なんとなく月にみえるんだけど，でも見かけの大きさが変わるので，近づいたり遠くなったりすることから月ではなく，何か惑星だと思う．半月から半年で反対側が欠ける半月になるから，元に戻るのが1年かかると思うので，地球の内側ではない．土星は輪があるはずだから違う．火星か木星のどちらかではないか？

	101	T：地球の周りを回っている？
	102	U：地球から見た星の写真は，半年かけて（半月状態から逆が半分欠ける半月になるという）半分になっているから1年周期なので月ではないので何か惑星だと思う．
	103	U：地球の外側で間違いない
	104	T：地球の外側で間違いない
	105	T：半年でちょうど半分変わってきたんで…
	106	U：1年周期か？
	107	T：1年周期かもしれんね
	108	U：1年周期で変わる惑星ってある？
	109	T：聞いたことはないんじゃけど．
	110	U：とりあえず1年で満ち欠けするとしましょう．
	111	U：1月の時，左側が影ということは～ここら辺？ （火星軌道で地球より約90°ペガスス座の方に）
	112	T：うん，左が影じゃけんね．こう見て，（図4-21：地球から未知の星を見て納得），そして～次は～（連続写真を見ながら）欠けるスピード速っ！

図4-21　T君が人差し指（地球上の観察者）の位置から左前方の火星軌道上に想定した↑の位置の未知の星を見て左側が欠けているから予想と合うと納得している．

図4-22　満ち欠け連続写真を見て4月15日（下段左端）から急に今までと逆の方向が欠けるため，どう考えるべきか考えている．

113	U：次は〜（連続写真を見ながら）欠けるスピード速っ！	
114	T：どんどん欠けていきようるね．	
115	T：1月〜2月結構変わったね．	
116	U：うん．	
117	U：2月の時…（ペンで位置を指さす）もうちょっと？	2・3月は，三日月のため地球・太陽・星を結ぶ線は半月のように直角ではないが，2人はそのまま直角の状態で位置関係を書き続けている．立体モデルがないため，気づきにくいようである．
118	T：もうちょっと上　ここら辺じゃろう．	
119	U：2月がここら辺かな．	
120	U：2月中旬ぐらいになったら…もうちょっと行って…地球がここら辺（オリオン座としし座の中間よりオリオン座より）にあるわけじゃけん，そこから見て，ここら辺か？　2月22日（ペガスス座とオリオン座の間くらいの位置に書く）	
121	T：そうだね．そうだね．そうだね．3月行こう．3月．	
122	U：3月は地球でいったら，ここら辺（しし座付近）か？	
123	T：ここ（しし座よりも少しオリオン座側）よ．	
124	U：（連続写真を見て）3月で，ほとんど左が隠れてしまうという．	
125	T：見えない．	
126	U：（未知の星は）ここら辺か？　T：うん．	
127	T：（地球の1月の位置を書きながら）1月	
128	T：（地球の2月10日の位置を書きながら）2月	
129	U：（地球の位置を書きながら）2/22で，3/2	
130	U：4月の15	
131	T：4月15日で一気に変わったね．	
132	U：4月の15	
133	T：ここ	
134	U：（連続写真を見ながら）満ち欠けしてから，また1周してこっちから出てきました．ということは今まで太陽から見てこっち（オリオン座）側にあったのがこっち（さそり座）側になっている？	
135	T：太陽から見てこっち（オリオン座側），いやこっち（さそり座側）か？	
136	U：うん？	
137	T：こーう．（手を予想軌道にあわせて動かし，途中で手を止めて，逆進行は）おかしくねー？	
138	U：（Sの字に手を動かして）こ〜んな感じ？	
139	T：一気になんか，どこ行ったって？	
140	U：やっぱ，火星じゃないんじゃない？	
141	UT：ともに笑う	

142	U:こう来てこう来るじゃん（S字に手を動かす）	
143	U:右が隠れてるってことは…ここら辺か（オリオン座側）？	
144	T:ここに見える？	
145	U:（頭を下げて4月15日の地球の位置からオリオン座側の予想位置の星を片目で見る．図4-23）	図4-23 片目で4月15日の地球上の観察者（オリオン座の三角柱の左端）から推測する位置の未知の星（同三角柱右端）を見て，星の右側が欠けて見えるかを確認中．
146	T:（図4-23のように三角柱を置き）こうかいね？	
147	U:ほぼ正面に見える．（T:首をかしげる）	
148	T:戻るんじゃない？ こっちに？ 戻らんのん？	
149	U:ここだと真正面で（図4-24の位置から少しずつ反時計回りに公転させながら）やっぱり左側に白い（本当は暗い）所が見えてくる．	
150	T:ここら辺だろう．4月15日（星の位置を書く）	図4-24 未知の星の明暗の境界をペンで表してこれを反時計回りに公転させて4月15日の地球の位置から見える満ち欠けを確認中（キボスを三日月と誤認中）．
151	U:5月	
152	T:5月行こうか．次	
153	U:5月だったら，5月11日（地球の位置を書く）	
154	T:半月の時ってさー，こうなる（手で5月の地球から見て半分になると）	
155	U:ほぼ半月なら，直角の位置になる	
156	T:5月がさそり座側に来るんなら4月もさそり座側に	
157	U:勘違いだ（4月15日も）	
158	T:落ち着け U:（さそり座側にペンを持った手を置く）	
159	T:そこだったら右が影になる（ので写真にあっている）．	
160	U:あっあっとる．	
161	T:こーなる（Uターンする：図4-25右側）ことがあるん？	
162	U:あるんかもしれん．（中略）	
163	U:注目すべきは，カーブするとき急にスピード（移動距離）が上がっている．	
164	T:スピードが上がることがあるん？	

第 4 章　空間認識能力を育成する教材・教具及び学習指導法の検討　113

	165	U：スピードが上がっているわけではないんだけど，地球が追い越した瞬間に近くを通って追い抜く時にスピードが上がったように見える（図4-25左上）．	
	166	U：サイクルが速いので，火星だと思う．木星だったらめちゃくちゃ火星の何倍も遠いので，こんなにスパッといかないんじゃないかと	図 4-25　未知の星の満ち欠けの影の方向が3月から4月で逆になったため，図の右側で軌道がスピードを上げながらUターンしていると考え，その理由を左上の惑星の軌道モデルでより内側の地球が未知の惑星を追い抜く時に急にスピードが上がるように見えて，さらにSの字にカーブするように見えると考えている．以前本で読んだ惑星の見かけの動きのようすの印象の影響を受けていて，これで不思議な軌道を描く理由を説明している．
	167	T：うんうんうん．ドローンとゆっくりゆっくりとじわじわ，じわじわ，	
	168	U：ゆっくり，ゆっくりとなんか遠くの方を動いているだけじゃないかと思う．	
	169	TU：ということで火星だと思われます．	
ホワイトボードでの対話の後の考えをワークシート2に書く	火星と考える．理由：写真は12月〜6月まであり，3-4月の間で欠けてなくなる（新月）ので9月当たりで欠けていない（満月）天体が見られるはずである．なので9月にはその星は太陽から見て地球と同一方向にある．北極側から見た図を図4-26に書く．半年で地球から見	 図 4-26　地球から見た天体の方向	火星と考える．理由：写真を見てこの星が何星であるかを図を書きながら考えた．太陽を中心に書き，地球の位置から見える謎の惑星の見え方に注目し，右側が見えている時と左側に見えている時にどの位置にあるのか図で書きながら考えた．図で表すと，1年以上かけて満ち欠けがあるので，地球の外側にあるという答えになった．結果，火星よりも遠い星は，満ち欠けの周期が長く，1年ではない．よって，地球より外側にある最も近い惑星は火星である．ゆえに火星であると考えた．ホワイトボードを使う

	た天体Xの方向が大きく変わっているので（図4-27）  図4-27　同じ期間中の方向の変化 この惑星は火星と思われる．3〜5月まで不規則な動きをしているが，これは，地球が火星を追い越した時にそのように見えただけと考える．また，3〜5月で急にスピードが上がったように見えるのも地球が追い越すときにその天体に接近したためと考える．	ことで，気がついたことをすぐに記入でき，話し合いの時に分かりやすく，便利なものだと思った．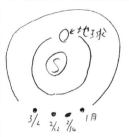

U君は，「（平面・立体一体型）モデルを使って火星であることを証明して見せますよ」と教員に言いに来るくらい確信し，意欲的だった．

	201 202 203 204 205 206 207 208	U：正確にもう1回やりましょう．モデルを使って T：これは何という惑星かっていうを今から確かめていきたいと思います． （中略） U：（12月8日の十九日月の満ち欠けが作れないため）見つからんじゃけど，近すぎるんじゃないかね． T：普通にまん丸（満月） U：太陽の側に明るい方を向けて，地球からどう？ T：全部まん丸 U：じゃあ（時計回りに動いて）このくらい T：少しだけ暗いのが見える．もうちょっと，もうちょっともうちょっと，おーそれそれ，そこ，やっぱりここだ（中略）

図4-28　最初の12月8日の満ち欠けが作れず，距離を大きくしたら見えやすいのではないかと試行錯誤しているところ．

	U君（空間認識能力高い）：写真右（ここから）	T君（空間認識能力低い）：写真左（ここから）
	209 210	（外惑星の位置をいくら動かしても半月よりか欠けないため） U：仮説自体が間違っているんかね？ T：仮説が間違っているんかもしれんね？	

211	U：地球よりも内側を回っとるかもしれないじゃない．
212	T：1年周期で地球は回るじゃん．地球よりも，もし内側にあるんだったら1年周期よりも早いんじゃないん？
213	T：でも写真見たら，6ヶ月で半分ということは約1年よね？
214	U：このように大きく欠けるためにはどこにおいたらいいん？
215	T：ならん！なりません！　満月に近い状態しか見えない．
216	U：地球から見て三日月に見えつつ，太陽に対して満月状になるようにするためには…それだけ近いということなんか？
217	T：ものすごく近くにある．こんな，よりそっているような．

図4-29　連続写真のように大きく欠けるためにはどこにおいたらいいのかと2人で試行錯誤しているところ．まだ，星を地球の外側においているので，うまくいかない．

（中略）

218	T：木星だったら遠すぎて，満ち欠けの欠けが大きくならない．
219	U：太陽系で木星ここら辺．土星は（ずっと外側の）ここら辺じゃけん無理じゃろう？　絶対．

（中略）

220	T：モデルを使って表したいよね
221	U：めちゃくちゃ近いと仮定して，ほぼ同じ軌道上でうまくいけば，あらためて火星だと言わざるを得ない．

（中略）

（12月8日の形は，すぐ外側の軌道でもうまく見えたので）

222	T：どんどんやっていこうや．この考え方で，1月21日は半月
223	U：同じくらいじゃ．（半月まで欠けないのでうまくいかない）
224	T：変わらない．変化なし．
225	U：これはいけん！　これはいけん！　これはいけん！（図4-30）
226	U：新月というか，完全に欠けることはなくない？
227	T：ないね．えっあるんかな？　ないないないない．
228	U：欠けるためには…内側になるしかない．
229	T：うん．
230	U：この時（半月～新月～半月）が見られないから削ったんじゃないか？
231	T：あり得るね．
232	U：金星じゃん．

図4-30　地球のすぐ外の軌道では説明できないことに気づき始めたところ．

	234	T：金星ですね	
	235	U：今，気がついたんじゃけど，12月8日が明るいんよ．これ．	
	236	T：明るいね．	
	237	U：夜明けか．または，夜が更けてちょっとしたくらいの時．わざわざそんな所を撮らなきゃいけないということは，金星．	図4-31 地球の内側の軌道にしてからは，全て順調に満ち欠けがうまく合致し，すいすいと完成した．
	238	T：金星の可能性が高いよね．	
	239	U：ここ削ってあるんじゃけん．ここの間は撮れんじゃん．太陽が昼間だから．	
	240	T：そうそうそうそうじゃね．内側だ．外側の理論は覆された．	
	241	U：超面白い	
平面・立体一体型モデルでの対話後の考えをワークシート3に書く	① 惑星である 満ち欠けがはっきりしており，その周期が長期間にわたっているという点から判断した． ② 地球よりも内側を公転している 地球の外側を回っている惑星は，三日月や完全に欠けて亡くなることがない．逆にこの写真では，半分以上満ちたものもない． ①と②から水星か金星かに絞って考えました． 　未知の惑星の公転軌道をシミュレーションした結果，金星の公転の半径は，地球の公転の0.7倍であることから，金星であり，0.4倍の水星ではないと考えた．	はじめ，星は火星と考えた． 　それは，地球から見た星の写真は半年かけて（半月状態から逆が半分欠ける半月になるという）半分になっているから（地球とほぼ同じような公転周期と考え）地球に近いと考えたからである． 　また，地球の内側の星は内側の惑星は，太陽の光によって見えないと考えていた． 　地球の外側の星と考えていると，2つの疑問点が出てきた． ・1年で1回転するという事はありえない． ・満ち欠けからの位置を推測していると，周期的にスピードが速くなったり遅くなったりすることになる．	

第4章　空間認識能力を育成する教材・教具及び学習指導法の検討　117

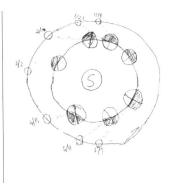

急に速くなるのはなぜだろうかと考えた時，地球の外側ではなく内側で回っているのではないかと思うようになった．

そこで，内側の星ではないかと思い，地球の内側の軌道において，位置と見え方を書いてみると，うまくいった．地球が半年かかる間に惑星が1周するので，水星ではなく，金星と考えられる．

| 教材・教具の感想 | 教室を暗くして月の満ち欠けについて受け身的に観察したことはあるが，このように仮説を立てて検証するやり方は，自分の課題としてとても主体的に取り組むことができた．

ホワイトボードは，お互いの考えを書きながら高め合うことはできたが，満ち欠けについて頭の中に再現することができず，間違いの方向に進んでいた．一体型モデルの最初の方は前の思い込みを検証しようとあがいていたが，最後にどうしても解決できない矛盾に気づき，仮説を修正し，修正仮説を立証することもできた．大変興味づけられた． | ホワイトボードだけでは，おそらくこうだろうという思い込みもあって，かなり回り道をしていた．平面・立体一体型モデルを使って考えると，分かりやすく，写真と日時から謎の星を考える今回の授業は，とても頭を使い，空間の見る力がついたと思う．

実際にこのように，立体モデルと作図を使って何度もシミュレーションすると，次第に頭の中でも立体を創造できるようになってきたと思う．時間を忘れて，夢中になれる面白さがあった．私自身もはまりました． |

表4-22 空間認識能力の高い学習者同士のペアの探究学習の様子

流れ	Y（空間認識能力高い）：知識中位	S（空間認識能力高い）：知識豊富
課題を設定	金星の半年間の満ち欠けの連続写真を見せて「これはある星の半年間の満ち欠けの様子を写した写真で，倍率は全部同じなのだけど，何という星かね？」と聞く．学生から「ヒントはこれだけですか？」と聞かれ，「はい．」と答えた．	
星の名の予想と理由をワークシート1に書く．	月だと思う． 理由は，形の変化が月のように見えるから． 倍率が同じなのに大きさが変わるのは地球との距離が短くなるためと思う．形の変化が見える点が月と同じだと思う．	月ではなくて，火星か金星のどちらかではないかと思っている． （左が欠けた半月から右が欠けた半月まで）半年かかっていることから周期が長いから月ではないと思っている． 地球から近いから金星か火星と思っている．

101	Y：(太陽から) 離れるほど周期が長くなるってこと？	
102	S：ってかなーと思ったかな．（図4-32：太陽系を描き，）太陽から離れるほど1周がすごく長くなるのかなーと．	
103	Y：そうかあ．厳しい．周期が分からないから…	図4-32
104	S：月が新月になるのに，半年以上かかったりしないかなっと	
105	Y：じゃあ，火星か金星かどっちか？	
106	S：そーかなって自分は思う．	
107	Y：ということは，どうやって金星か火星かを見分けるか？	
108	S：そこが問題なんだけど…どうしていいかわからない．	
109	Y：周期が分かるか？　速度が分かるか？	
110	S：じゃないかなー．	
111	Y：(写真で) 三日月から逆の三日月に変わる時って丸の時飛ばしているのかな？．	
112	S：変わる時にここで一回真っ暗になって，今度は逆に…	
113	Y：金星の根拠は何？	
114	S：左側が欠けた半月の金星は，（太陽の西側の位置に半月を描いて，本当は逆） 　ここら辺で，金星だったら，太陽が出ている時に，見えることが多いんじゃないかな．明けの明星とかよいの明星とかの時に見えるんじゃないのか．一番近いときにほとんど欠けているから．大接近している時がここ（金星の内合）かここ（火星の衝）（図4-33）	図4-33

第4章 空間認識能力を育成する教材・教具及び学習指導法の検討　119

115	Y	：これ（三日月状）はさぁ夜？ これ（キボス）は昼？ 夜に光って見える．
116	S	：これ（キボス）は昼間だと思う．
117	Y	：丸（満月）く見える時があるん？
118	S	：火星だったら，夜，満月があるけれど，金星だったら太陽の反対側にあって，見えない．だから…
119	Y	：金星？
120	S	：これ（12/8のキボス）はおそらくここら辺だと思う（図4-34）．
121	S	：肉眼だったら小さいものから（4倍くらい）大きいものまでわかるのかなー
122	Y	：金星
123	Y	：あまり変わっていなくても（12/8から1/21まで）1ヶ月以上かかって，半月から反対側が欠ける半月まで約半年，より遠くの惑星ってことはないかな？
124	S	：どうなんだろう？　わかんなくなってきたなー．
125	Y	：金星って見える？
126	S	：金星見えると習った．火星も見えるよって言われて思い出すのが，まん丸満月
127	Y	：基本的に丸の時以外見えていないってことか？
128	S	：「……」
129	Y	：ここ（太陽側の一番遠い所）に来たら満月に見えるってことよね．
130	S	：昼間にみえるのかなー
131	Y	：どんな時，丸に見えるんかなー．
132	S	：火星は一番近寄ってきた時に満月に見えるし，金星は暗く（新月に）見える．
133	Y	：水星は見えん？
134	S	：水星は今日見えるって聞いたことない．
135	Y	：もし，これが金星だとしたら，周期が長い？　速度が遅い
136	S	：まず，最も近づいた時にあれだけ欠けて見えるというのが一番の理由．
137	Y	：なんで金星？
138	S	：地球を固定して金星がどう見えるかというのを中学でやったことがある．
139	Y	：火星じゃない理由は？
140	S	：一番近いときに満月になるはずだから
141	Y	：めっちゃ欠けていないとだめなん？
142	S	：ここら辺（金星新月すぐ横の位置：図4-35）だとちょっとだけ明るい部分が見える．

図4-34

図4-35

	143	Y：（内合の）金星はこれだけ見えるってこと？
	144	S：（内合の金星は見えるのは影の）この部分だけだから
	145	Y：そうか．真っ暗なんだ．
	146	S：地球から見える範囲は赤線より地球側で，地球から離れるにしたがって光っているこの部分（図4-36）が左側から広がっていくから金星じゃないかな．
	147	Y：ふーん
中略		
		今まで1回もペンを持たなかったYさんが主体的に軌道をすべて描いて，太陽と地球と天体X1（金星軌道上），X2（火星軌道上）を置いて，2人で動かし始めた．
	201	まず，X2火星軌道上を動かして Sが自分のいる（間違っている）場所からX2を見て動かしている姿をYが見て，
	202	Y：（地球の朝方の位置をさして）ここから見るってことよね？
	203	S：そうか．ここにいること前提で，この範囲内（間間全体）で
	204	Y：（12/8の写真をさして）これって，こっち側が光っているってことよね？
	205	S：左側が欠けているってこと．ということはこっちはあり得ない（X2を地球から見て左側から右側に移動）．
	206	Y：う〜ん？
	207	S：（連続写真をなぞって，）でも，だんだん欠けてるね．
	208	S：（知識の通り反時計回りに大きく動かして）こう回るもの，（戻して）違うか？（もう一度反時計回りに少し動かして）こう回るもの，（矛盾を感じ，戻す）
	209	Y：（時計回りに回して）こう？
	210	S：（反時計回りに回して）こう回っているイメージがあるんだけど．
	211	Y：（連続写真で）どんどんこう変化しないといけないんよね．
	212	S：この次1/21（左が欠けた半月）をしようと思ったら，（時計回りに動かし始めてこれでは時計回りに動かすことになり，うまくいかないため）わからない．
	213	Y：この向き（時計回り）ってこのまま？
	214	S：いや，こっち（反時計回り）なのかな（と動かしてうまくいかず）わかんない．

図4-36

第4章　空間認識能力を育成する教材・教具及び学習指導法の検討　　121

215	Yが何回も反時計回りに回しながら考えている． ついにSが火星軌道上のX2だけでなく，金星軌道上のX1を持って1/21（左が欠けた半月）を考えて太陽の真横の東側において両方を一緒に考えることにし
216	S：こっちを考えた方が早いかな？左側が欠けてるからこうか？
217	Y：これをやるじゃん．そしたら何がわかるん？
218	S：こっち（X2）の星なんか？こっち（X1）の星なんか？
219	Y：そっか．どっちかってことか？じゃあ，これ（X2）かこれ（X1）に見えるか見つけるってことか？
220	Y：（X2を太陽の西側において）これだったら，右半分が明るくなっていない．
221	SもYもうまくいかず考えこんでいる．
222	Y：X1は絶対そうよね．
223	S：うん．絶対そう．
224	Y：これ（X2）は？
225	S：これはわからない．どういう風に考えたらいいんだろう？
226	S：（X2を太陽から1m位離して）この辺にあると考えたらいいのかな？
227	Y：近いから〜．近さの問題？
228	S：かな〜？
229	Y：（太陽の東側にあるX2をさして）これだったら，これ違うよね？
230	S：うん
231	S：これは（X1を動かしながら）このようにこの図（連続変化）に一致すると思う．
232	Y：これ（X2）も？なんか違うっぽいよね．
233	S：わからないな〜．
234	Y：2番目（1/21の左が欠けた半月）は？
235	S：（X2を回転させながら）右半分が欠けた形はこう見えなきゃいけない．ということは，あれっ!?，う〜ん？何回みてもわかんない．
236	Y：外側にあったら満ち欠けがないってこと？地球からそう見えないってこと？
237	S：あ〜，あ〜，あ〜．
238	Y：これ（衝の位置のX2）は，（満月の状態で）変わらないよね．
239	S：ここ（衝）だと（満月を描いて）これになる． （X2を少しずつ反時計回りに回して2人で地球側から見て）
240	Y：ちょっと欠ける？すごいちょっと欠ける？
241	S：わからない．
242	Y：なんで内側だったらすぐ変わるんかね？

243	S：なんでだろう？ こっち（地球の内側）だったらすぐ変わるのに…なんでだろう？	
244	Y：内側はすぐ変わり，外側は変わらないってことよね．	
245	S：なんでだろう？ なんで？	
246	Y：地球より内にあったら（新月のように）見えんけど，外にあったら満月だから	
247	S：あ〜なるほど．ってことかな？ なのかな？	
248	S：（火星軌道上のX2を反時計回りに動かして）う〜ん．でもそうかも．そうかも．そうだな．そうだね．	
249	Y：変わらないでしょう．	
250	S：だったらそうかも．変わらないのかな．	

表4-23 空間認識能力の低い学習者同士のペアの探究学習の様子

流れ		K：（空間認識能力低い，雄弁，知識少）	M：（空間認識能力低い，静か，知識やや多）
ワークシートに予想を書く		連続写真の中で日時が早い方から1〜8枚目の右上側が欠けている写真を見て，「月」と思ったが，9枚目以降の左下が欠けている写真を見ると「月？」と思う．特に最後の写真では，月ではないのではと思った．	最初は，ピントをずらして月をとっていると思っていた．ただ，月の満ち欠けのように形を変えているが，大きさに変化があるため，月ではない気がする．何の惑星かは分からない．
ホワイトボードを使って対話する	101	K：最初見た時，何だと思いましたか？	
	102	M：ピントをずらして月をとっているんだと思った．	
	103	K：僕も最初は月だと思っていたんだけど，でも…	
	104	M：撮っている位置は変わらず，ピントも同じ．とっていたらサイズが変わったんだよね．ということは月では無い．	
	105	K：でも，そうとも限らない．	
	106	M：何で？	
	107	K：光が当たる角度に関係するでしょう．	図4-37
	108	M：うん．	
	109	K：（8枚目の最も細い三日月の上でペンを動かしながら），これで輪郭がわかるじゃない．どのくらいの大きさか．	
	110	M：うん．	
	111	K：ここ（2枚目）は，ちょうど真横から光が当たって	
	112	M：「……」	
	113	K：（1番目を指して）これが一番当たっている範囲が少ない．局所的に，要はこういう風な状態．ここしか（光が）当たっていないようだったら（小さくなるのでは無いか：図4-37）	

第4章　空間認識能力を育成する教材・教具及び学習指導法の検討　123

	114	M：「……」
	115	K：こっちは…（2番目の半月も説明しようとするがうまくいかなくなって）まあいいか．ちょっと脱線した．最初は月と思っていたんよね．月じゃなかったら？
	116	M：土星とか？
	117	K：土星はリングがあるからちがうんじゃない？　木星も，どっちかというと火星じゃろ？（図4-38）

図4-38

ワークシート2にホワイトボードでの対話の後の考えを書く	土星と木星以外のいろいろな惑星の可能性がある． 理由：土星だとリングがあるのでおかしい．木星だと縞模様があるし，遠すぎる．これらのことから，他の惑星の可能性を考え，どの惑星になるか明らかにするのが楽しみである．	水星か金星のどちらかと考える． 理由：見かけの大きさが変わるので月ではない．半月弱で半月が逆の半月になるので，地球から近くで，速く動きそうな惑星と考えた．

平面・立体一体型モデルを使って対話する	201	K：僕は月だと思う．
	202	M：僕は水星だと思う．
	203	K：月は，光が当たるところによって面積が小さくなる．光が当たる面積によって変わってきているんじゃないか．
	204	M：直径のサイズが違うように見えたんで．水星は，太陽から一番近くて，月のように一定の間隔で回っていないので，満ち欠けが他の惑星と比べて一番早いのが水星だったので，近づけば大きく見えて，離れている時は小さくなるから，そうかなと．
	205	K：水星は太陽から近かったら当たる面積がすごく広いんじゃないかな？
	206	M：（立体モデルを動かしながら）地球と水星が近い時は日があまり当たっていないという関係があって，細い時がイメージ上の直径が長いのかと感じたんで．
	207	K：うん？どういう時？
	208	M：この（三日月状の）時，地球と水星が近づいていて，細くなっている．
	209	K：うーん．そうか．
		（中略）
	221	K：（キボスから）1ヶ月半で半月になっているって，水星もうちょっと回転速くない？
	222	M：金星も怪しいなと思っている．
		（中略）
	231	K：（約）半年で半分回っているから，金星か火星で，金星だったら地球よりも内側にあるから早く回る．火星ぐらいしかないと思う．
	232	M：火星だと思う．

233	K：(3/13から3/18)の5日間で大きく形が違うので，木星型惑星のように遠くの，公転周期が大きいものではない．	
234	火星と仮定して立体モデルで検証しようとする．作図はほとんどM君が書いていたが，K君が動かしはじめた．	
235	K：太陽から見たら全部満月の状態になって，	
236	K：2月10日は（半月状だから，太陽と地球を結ぶ線と直交する）ほぼ真横（太陽の側が明るい半球を動かすと無理が生じているので）90度から	
237	K：（地球モデルから火星モデルを見ると本来三日月にならなければいけないのに）これだったらすごく満ちているよ．	 図4-39 間違いに気づき苦笑いしているところ．
238	〈内側の地球のモデルから外側を公転する火星のモデルをみると地球と火星が近づいて大きく見える時に三日月のように細くならない事に気づいた（図4-39）．〉 （6月7日の写真のように見えるように一体型モデルを動かしながら）	
239	K：6月7日は左が半分明るいから（あれ？）元（半年前と同じ位置）にもどってくる．	
240	M：もしかするとやり方がいまいちわかっていないのかもしれない．	
241	K：12月8日の時にはここにあって右側が明るい．6月には左が明るい半球だからここにおらなくてはいけない．ということは，地球が半周する間に1周しているじゃんこいつ．	
242	M：ということは？	
243	K：金星？	
244	K：でもおかしいよね．いやいやそうじゃない．地球だって動いているから．	
245	（あまりにも大きな考えの変化のため，もう1度，一体型モデルで確かめたくなって） K：12月8日の時は光は右半分だけど，（地球モデルを半年すすめ，）半年経過したら明るい方が左半分になった（図4-40）．ここにいなければいけないのではないか．	 図4-40 地球を半周公転させている間に天体Xが1周公転することに気づいた瞬間
246	M：地球1周する間に2周しているように見える．	
247	K：地球が半周している間に天体Xは1周している．	
248	M：ということは火星じゃない．	
249	K：水星か金星になる．	
250	M：水星の公転周期は88日	
251	K：3ヶ月かあ，そう考えると	
252	M：金星	
253	（中略）今度はK君が書き始める．各年月日の地球の位置は2人で書く．満ち欠けから推測される天体Xの位置は必ず2人とも見て確認している．	

254 K：わかりやすいよね．
(K君がモデルを動かしてM君に正しい満ち欠けの位置を確かめてもらっている)
255 M：この辺．
(続いてK君が地球側から見て満ち欠けを確かめている)
256 K：おっ，完璧じゃない．
(続いてM君が地球側からもう一度見て)
257 M：ちょうど良い感じ．
(中略)(M君が地球側から見て満ち欠けを確認)
258 K：こうならないといけないでしょう．
259 M：こんな感じでしょう．(M君が微調整する)
地球と金星が接近しているときは地球のかげに金星が隠れて見えにくいため，時々地球を倒して地球の位置から金星を見えやすくして(図4-41)

図4-41 満ち欠けを納得するまで必ず2人で確認．

260 K：ここから見て，ここから見て
261 M：(3月)18日の(極細の三日月)形に見える．
262 K：内側っぽいですね．
263 M君が地球モデルを6月7日の位置において，ここから見て，
264 M：(6月7日の天体Xの位置は)ここ
265 K：たしかにー(図4-42)
266 (天体Xについては，すべて軌道を明らかにして時間も終わったが，自分達が納得するためにもう一度火星の軌道上においてみて，いろいろな位置に置いてみても，火星のように地球より外側を回る惑星は，半分も欠けることは，あり得ないことに2人とも気づいた：図4-43)

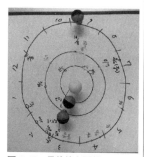
図4-42 最終的な図解．

267 2人とも水星も気になったようでモデル実験の再延長をさせてほしいと申し出た．水星の軌道上に置いて地球から見て金星と同じような形を作れることから，
268 K：どっちとも同じように(満ち欠けが)見える．

図4-43 火星でないことを再検証

269 M：金星と水星は，公転周期と(見かけの)大きいサイズから小さいサイズの幅が違う．地球からの距離が違うから，(天体Xの写真で)最大の時は最小の時の約…
270 K：約4倍か？
271 M：太陽から地球の距離を3，太陽から金星の距離を2としたら，地球と金星の距離が最小で1(図4-44)，最大で…

272	K：5か
273	M：最大では5になるかもしれないが，写真は最大最小ではないから4倍くらいでちょうど金星で良いのではないか.
274	K：太陽から水星の距離を1としたら，距離が最大の時4倍
275	(M君が最小の位置に地球と水星のモデルを動かす.)
276	K：ここの距離を1としたら，地球と水星の距離が最小の時には2
277	M：最大が4で
278	K：最小が2で,
279	K・Mともに：2倍の開き
280	M：ということは，こっちが大きくならないといけないので金星に
281	K：金星か. K君が，天体Xのモデルを最小，最大の位置に置いて，動かしながら
282	K：金星だったら最小で1，最大だったら5, 作図では金星と地球の間の距離が最大の時は最小の時の5倍であったことから，天体Xが金星の作図と同じ倍率になるかを検証しようと今度は天体Xの連続写真をみて見かけの大きさ（直径）を比較して，大きい直径が小さい直径が何個分かを調べて一緒に数えながら
283	K・Mともに：1・2・3・4・5，5倍だね．(作図と同じ5倍で納得した.)

図4-44　M君が金星と地球の最小距離を説明

図4-45　K君が水星と地球の最小距離を説明

第4章 空間認識能力を育成する教材・教具及び学習指導法の検討　127

	K:（空間認識能力低い，雄弁，知識少）	M:（空間認識能力低い，静か，知識やや多）
平面・立体一体型モデルでの対話の後の考えをワークシート3に書く．	写真の特徴について ・最初は右半分に太陽光を浴び，最後の写真では反対の左半分が浴びている． ・最初と最後の写真の期間が約6ヶ月であり，大きさが3〜4倍になっている． ・満ち欠けをしている． 水星にした理由 ・地球以降の惑星を地球から見ると，どこに行ってもほぼ満月であることから地球よりも外側は可能性が薄い．また，影の部分が少なくなることも1つの原因である． ・太陽から水星までの距離を0.5とした時，地球は1.5となる．このことから満ち欠けの最小と最大を検証したところ水星だと約3倍になりあてはまる． ・金星の説も考えたが，検証してみたところ，6月7日の金星では真ん中よりも少し右の方に膨らんで見えたが，6月7日の水星では写真と同じようになっていた．よって水星の可能性が高いと思われる．	

表 4-24 空間認識能力が高いUと

平面型モデル（ホワイトボード）を使った班の対話分析（当初）		
対話1	平面型モデル（ホワイトボード）を使った話し合いの当初	分類
101	T：地球の周りを回っている？	R1
102	U：地球から見た星の写真は，半年かけて（半月状態からその反対側が半分欠ける半月になるという）半分になっているから1年周期なので月ではないので何か惑星だと思う．	R4
103	U：地球の外側で間違いない．	R4
104	T：地球の外側で間違いない．	R5
105	T：半年でちょうど半分変わってきたんで……	R2
106	U：1年周期か？	R2
107	T：1年周期かもしれんね	R5
108	U：1年周期で変わる惑星ってある？	R1
109	T：聞いたことはないんじゃけど……	R2
110	U：とりあえず1年で満ち欠けするとしましょう．	R4

　平面型モデルの場合，具体的に満ち欠けを確認できない為，決定的な矛盾に気づかず，写真から予測した「1年周期の惑星」で納得しようとしている．

平面型モデル（ホワイトボード）を使った班の対話分析（後半）		
対話1	平面型モデル（ホワイトボード）を使った話し合いの後半	分類
120	U：2月中旬ぐらいになったら……もうちょっと行って……地球がここら辺にあるわけじゃけん，そこから見て……ここら辺か？　2月22日	R4
121	T：そうだね．そうだね．そうだね．3月行こう．3月．	R5
122	U：3月は地球でいったらここら辺（しし座付近）か？	R4
123	T：ここ（しし座よりも少しオリオン座側）よ．	R5
124	U：3月で，ほとんど左が隠れてしまうという……	R4
125	T：見えない．	R5
126	U：（未知の星は）ここら辺か？	R4
127	T：うん．	R5
128	T：（地球の1月の位置を書きながら）1月	R4
129	T：（地球の2月10日の位置を書きながら）2月	R4

　Tは当初，後半とも常にUに追随している．
　後半も最初大きな方向性はUがペンで書き，TはUに同意し，同じやり方でその後作業を継続した．操作的トランザクションは全く見られない．

　平面・立体一体型モデルの方が平面型モデルよりも，矛盾に気づき，互いに反論し合う等対話特に，空間認識能力の低い学習者が，高い学習者に追随することなく，主体的に活動している．

低いTのペアの探究学習の対話分析

平面・立体一体型モデルを使った班の対話分析（当初）			
対話2		平面・立体一体型モデルを使った話し合いの当初	分類
209	U：（外惑星の位置をいくら動かしても半月よりも欠けない為）仮説自体が間違っているんかね？		R4
210	T：仮説が間違っているんかもしれんね？		R5
211	U：地球よりも内側を回っとるかもしれないじゃない．		R4
212	T：1年周期で地球は回るじゃん．地球よりも，もし内側にあるんだったら，1年周期よりも早いんじゃないん？		O2
213	T：でも写真見たら6ヶ月で半分ということは約1年よね？		O2
214	U：このように大きく欠けるためにはどこにおいたらいいん？		R2
215	T：ならん！なりません！満月に近い状態しか見えない．		O2
216	U：地球から見て三日月に見えつつ，太陽に対して満月状になるようにするためには……，それだけ近いということなんか？		O1
217	T：ものすごく近くにある．こんな，よりそっているような．		R4
平面・立体一体型モデルで外惑星の位置でいくら動かしても半月より欠けない為，公転周期の矛盾を感じて，内惑星かどうかについて議論が続く．			

平面・立体一体型モデルを使った班の対話分析（後半）			
対話2		平面・立体一体型モデルを使った話し合いの後半	分類
218	T：木星だったら遠すぎて，満ち欠けの欠けが大きくならない．		R4
219	U：太陽系で木星ここら辺．土星は（ずっと外側の）ここら辺じゃけん無理じゃろう？　絶対．		R5
220	T：モデルを使って表したいよね．		O1
221	U：めちゃくちゃ近いと仮定して，ほぼ同じ軌道上でうまくいけば，あらためて火星だと言わざるを得ない．		R6
222	T：どんどんやっていこうや．この考え方で，1月21日は半月		R1
223	U：同じくらいじゃ．（半月まで欠けないのでうまくいかない）		O2
224	T：変わらない．変化なし．		R5
225	U：これはいけん！　これはいけん！　これはいけん！		O2
226	T：ないね．えっあるんかな？　ないないないない．		O2
227	U：欠けるためには……，内側になるしかない．		O5
Tは木星は遠すぎて満ち欠けが大きくならないと主張し，モデルでの検証を提案し，Uと対等に議論し，お互いに観察結果だけでなく，そこから予測と違う考え方を自ら構築し始めている．			

が深まりやすい．

表 4-25　空間認識能力が高い Y と

平面型モデル（ホワイトボード）を使った班の対話分析（当初）		
対話1	平面型モデル（ホワイトボード）を使った話し合いの当初	分類
101	Y：（太陽から）離れるほど周期が長くなるってこと？	R1
102	S：ってかなーと思ったかな．（太陽系を描き：図4-46）太陽から離れるほど1周がすごく長くなるのかなーと．	R4
103	Y：そうかあ．厳しい．周期が分からないから……	R4
104	S：月が新月になるのに，半年以上かかったりしないかなっと．	R4
105	Y：じゃあ，火星か金星かどっちか？	R3
106	S：そーかなって自分は思う．	R4
107	Y：ということは，どうやって金星か火星かを見分けるか？	R1
108	S：そこが問題なんだけど……どうしていいかわからない．	R4
109	Y：周期が分かるか？　速度が分かるか？	R1
110	S：じゃないかなー．	R4
平面型モデルの場合，具体的に満ち欠けを確認できないため，写真から予測した「周期」から月ではないとは思うが，Y・Sともに金星か火星かをどうやって解明しようか悩んでいて議論が深まらない．		

図4-46

平面型モデル（ホワイトボード）を使った班の対話分析（後半）		
対話1	平面型モデル（ホワイトボード）を使った話し合いの後半	分類
111	Y：（写真で）三日月から逆の三日月に変わる時って丸（満月）の時飛ばしているのかな？．	R1
112	S：変わる時にここで一回真っ暗になって，今度は逆に……	R4
113	Y：金星の根拠は何？	R3
114	S：左側が欠けた半月の金星は，（太陽の西側の位置に半月を描いて，本当は逆）ここら辺で，金星だったら，太陽が出ている時に，見えることが多いんじゃないかな．明けの明星とかよいの明星とかの時に見えるんじゃないのか．一番近いときにほとんど欠けているから．大接近している時がここ（金星の内合の位置）か（あるいは）ここ（火星の衝の位置）（図4-47）	R4
115	Y：これ（三日月状）はさぁ～夜？　これ（キボス）は昼？夜？に光って見える．	R2
116	S：これ（キボス）は昼間だと思う．	R4
117	Y：丸（満月）く見える時があるん？	R2
118	S：火星だったら，夜，満月があるけれど，金星だったら太陽の反対側にあって，見えない．だから……	R4
119	Y：金星？	R2
基本的にYが質問し，Sが答えながら話を進められている．YはSの意見を尊重し，反論等は全くない状況である．よって，操作的トランザクションは全く見られず，議論は深まっていない．		

図4-47

　平面・立体一体型モデルの方が平面型モデルよりも，矛盾に気づき，互いに疑問を出し合い，している様子が見られた．
　Yは，授業後，具体的に動かす中で，比較的容易に矛盾に気づき，いろいろ考えて試行錯誤しすくらいに積極的になれるおもしろさも感じていると感想を述べている．ただ，互いに強い反論

高いSのペアの探究学習の対話分析

平面・立体一体型モデルを使った班の対話分析（当初）		
対話2	平面・立体一体型モデルを使った話し合いの当初	分類
201	Sが自分のいる（間違っている）場所からX2を見て動かしている姿をYが見て.	
202	Y：（地球の朝方の位置をさして）ここから見るってことよね？	R2
203	S：そうか．ここにいること前提で，この範囲内（夜間全体）で	R5
204	Y：（12/8の写真をさして）これって，こっち側が光っているってことよね？	R2
205	S：左側が欠けているってこと．ということはこっちはあり得ない（X2を地球から見て左側から右側に移動）．	O2
206	Y：う〜ん？	
207	S：（連続写真で）でもだんだん欠けてるね．	O2
208	S：（知識の通り反時計回りに大きく動かして）こう回るもの．（戻して）違うか？（もう一度反時計回りに少し動かして）こう回るもの．（おかしいと思い戻す）	R4
209	Y：（時計回りに回して）こう？	R2
210	S：（反時計回りに回して）こう回っているイメージがあるんだけど．	R4
211	Y：（連続写真で）どんどんこう変化しないといけないんよね．	O1
212	S：この次1/21（左が欠けた半月）をしようと思ったら，（時計回りに動かし始めてこれでは時計回りに動かすことになり，うまくいかないため）わからない．	R4
平面・立体一体型モデルで具体的に調べられるため，外惑星では，反時計回りに動かして地球に近づいても大きく見える時に欠けない為，矛盾を感じて反論し，逆に動かしたりしている．Yが活性化した．		
平面・立体一体型モデルを使った班の対話分析（後半）		
対話2	平面・立体一体型モデルを使った話し合いの後半	分類
235	Y：外側にあったら満ち欠けがないってこと？ 地球からそう見えないってこと？	R2
236	S：あ〜，あ〜，あ〜．	R5
237	Y：これ（衝の位置のX2）は，（満月の状態で）変わらないよね．	O2
238	S：ここ（衝）だと，（満月を描いて）これになる．（X2を少しずつ反時計回りに回して2人で地球側から見て）	R5
239	Y：ちょっと欠ける？ すごいちょっと欠ける？	R2
240	S：わからない．	R4
241	Y：なんで内側だったらすぐ変わるんかね？	R2
242	S：なんでだろう？ こっち（地球の内側）だったらすぐ変わるのに……なんでだろう？	R2
243	Y：内側はすぐ変わり，外側は変わらないってことよね．	O1
244	S：なんでだろう？ なんで？	R2
245	Y：地球より内にあったら（新月のように）見えんけど，外にあったら満月だから	O4
246	S：あ〜なるほど．ってことかな？ なのかな？	R5
これまではYが質問し，Sが答えていたが，一体型モデルを動かす中で，Yがどんどん積極的になってSに提案しはじめている． ただ，お互いの意見に一目置いていて，話を理解することに集中し，強い反論等が見られない．		

対話が進みやすい．特に，はじめは自らの意見を主張しなかった学習者がどんどん主体的に活動して確かめることができ，かつ，今まで追いつけないようなくらい積極的だった人（S）を追い越等は見られなかった．

表 4-26　空間認識能力が低いKと

平面型モデル（ホワイトボード）を使った班の対話分析（当初）

対話1	平面型モデル（ホワイトボード）を使った話し合いの当初	分類
101	K：最初見た時，何だと思いましたか？	R1
102	M：ピントをずらして月をとっているんだと思った．	R4
103	K：僕も最初は月だと思っていたんだけど，でも……	R5
104	M：撮っている位置は変わらず，ピントも同じ．とっていたらサイズが変わったんだよね．ということは月では無い．	R4
105	K：でも，そうとも限らない．	R6
106	M：何で？	R3
107	K：光が当たる角度に関係するでしょう．	R4
108	M：うん．	R4
109	K：（8枚目の最も細い三日月の上でペンを動かしながら），これで輪郭がわかるじゃない．どのくらいの大きさか．	R4
110	M：うん．	R4

平面型モデルの場合，具体的に満ち欠けを確認できないため，決定的な矛盾に気づかず，Kが述べた間違った意見を確実に理解できていなくてもおとなしいMがそのまま納得しようとしている．

平面型モデル（ホワイトボード）を使った班の対話分析（後半）

対話1	平面型モデル（ホワイトボード）を使った話し合いの後半	分類
111	K：ここ（2枚目）は，ちょうど真横から光が当たって	R4
112	M：「……」	—
113	K：（1番目を指して）これが一番当たっている範囲が少ない．局所的に，要はこういう風な状態．ここしか（光が）当たっていないようだったら（小さくなるのではないか：図4-48）	R4
114	M：「……」	
115	K：こっちは……（2番目の半月も説明しようとするがうまくいかなくなって）まあいいか．ちょっと脱線した．最初は月と思っていたんよね．月じゃなかったら？	R2
116	M：土星とか？	R4
117	K：土星はリングがあるからちがうんじゃない？　木星も，どっちかというと火星じゃろ？（図4-49）	O3

Kが自分の考えをどんどん説明していくが，Mは具体的に検証できないため，黙って聞いているだけだった．後半やっと，意見を求められたが，土星を挙げると満ち欠けではなく，リングという外見で反論された．条件統一のため何も助言しなかった．

図 4-48

図 4-49

平面・立体一体型モデルの方が平面型モデルよりも，矛盾に気づき，互いに反論し合う等対話特に，空間認識能力の低い学習者が，公転軌道上の立体モデルの満ち欠けに気づき，納得する

低いMのペアの探究学習の対話分析

平面・立体一体型モデルを使った班の対話分析（当初）			
対話2		平面・立体一体型モデルを使った話し合いの当初	分類
201	K：僕は月だと思う．		R4
202	M：僕は水星だと思う．		R6
203	K：月は，光が当たるところによって面積が小さくなる．光が当たる面積によって変わってきているんじゃないか．		R4
204	M：直径のサイズが違うように見えたんで．水星は，太陽から一番近くて，月のように一定の間隔で回っていないので，満ち欠けが他の惑星と比べて一番早いのが水星だったので，近づけば大きく見えて，離れている時は小さくなるから，そうかなと．		O3
205	K：水星は太陽から近かったら当たる面積がすごく広いんじゃないかな？		O2
206	M：（立体モデルを動かしながら）地球と水星が近い時は日があまり当たっていないという関係があって，細い時がイメージ上の直径が長いのかと感じたんで．		O2
207	K：うん？　どういう時？		R3
208	M：この（三日月状の）時，地球と水星が近づいていて，細くなっている．		R4
209	K：うーん．そうか．		R4

Kは月と主張したが，Mは平面・立体一体型モデルを動かして，近づくと大きく見え，かつ欠けることから惑星を強く確信し，Kを納得させた．軌道上の立体の公転シミュレーションには発見に導く力と説得力があった．

平面・立体一体型モデルを使った班の対話分析（後半）			
対話2		平面・立体一体型モデルを使った話し合いの後半	分類
231	K：（約）半年で半分回っているから，金星か火星で，金星だったら地球よりも内側にあるから早く回る．火星ぐらいしかないと思う．		R4
232	K：火星だと思う．		R4
233	K：（3/13から3/18）の5日間で大きく形が違うので，木星型惑星のように遠くの，公転周期が大きいものではない．		O1
234	（火星と仮定して立体モデルで検証しようとする．作図はほとんどM君が書いていたが，K君が動かしはじめた．）		
235	K：太陽から見たら全部満月の状態になって，		O2
236	K：2月10日は（半月状だから，太陽と地球を結ぶ線と直交する）ほぼ真横（太陽の側の明るい半球を動かすと無理が生じているので）90度から		O2
237	K：（地球モデルを見ると本来三日月にならなければいけないのに）これだったらすごく満ちているよ．		O4
238	〈内側の地球のモデルから外側を公転する火星のモデルをみると地球と火星が近づいて大きく見える時に三日月のように細くなる事に気づいた（図4-50）．〉		R4
239	K：（6月7日の写真のように見えるように一体型モデルを動かしながら）6月7日は左が半分明るいから（あれ？）元（半年前と同じ位置）にもどってくる．		R4
240	M：もしかするとやり方がいまいちわかっていないのかもしれない．		O1
241	K：12月8日の時にはここにあって右側が明るい．6月には左が明るい半月だからここにおらなくてはいけない．ということは，地球が半周する間に1周しているじゃんこいつ．		O4

火星と思っていたKが，モデル実験から矛盾を感じ，さらに興味づけられ，満ち欠けから正確に地球と天体Xの軌道を再現し，夢中になって探究し続けている．連続写真からは推測できなかった地球の公転も含めて総合的に納得した．

図4-50　間違いに気づき苦笑いしているところ

が深まりやすい．
と，分からなかったことが急に視界が開けたように夢中になって主体的に活動していた．

表4-27 学習ペアの各種空間認識能力の変化と対話・発見等の様子との関係

中学校理科教員2名,大学教員2名で,×:良くない,△:どちらかというとよくない,○:どちらかと言うと良い,◎:良い,の4段階評定を行い,合議によって評定を決定した.ただし,半球概念,球形概念,左右概念,量概念(三日月やキボスの明るい部分の量を正確に理解)等の各概念については,○:完全に身についている,△:一部身についていない,×:まったく身についていないの3段階評定で合議によって評価している.

ペア	MRT変化	MRT伸び	事後MRT	半球概念	球形概念	左右概念	量概念	対話	発見	効果
高	U:34→40	◎	◎	○→○	○→○	○→○	○→○	◎	◎	◎
低	T:19→34	◎	○	○→○	△→○	×→○	△→○	◎	◎	◎
高	YN:32→36	○	◎	○→○	○→○	○→○	○→○	◎	◎	◎
低	KD:18→32	◎	○	○→○	△→○	○→○	△→○	◎	○	◎
高	MN:30→38	◎	◎	○→○	△→○	○→○	△→○	◎	◎	◎
低	KK:16→30	◎	○	○→○	△→○	×→○	△→○	◎	◎	◎
高	KY:32→38	◎	◎	○→○	○→○	○→○	○→○	◎	◎	◎
低	MM:24→35	◎	○	○→○	△→○	△→○	△→○	◎	◎	◎
高	TS:29→34	○	○	○→○	○→○	○→○	○→○	◎	◎	◎
低	KD:16→30	◎	○	△→○	△→○	○→○	△→○	◎	◎	◎
高	OG:33→38	◎	○	○→○	○→○	○→○	○→○	◎	◎	◎
低	H:20→34	◎	○	○→○	△→○	△→○	△→○	◎	◎	◎
高	S:34→36	△	○	○→○	○→○	○→○	○→○	◎	○	△
高	Y:28→34	○	○	△→○	△→○	○→○	△→○	◎	○	○
高	FM:32→36	○	◎	○→○	○→○	○→○	○→○	○	△	△
高	MT:30→35	○	○	○→○	△→○	○→○	△→○	○	○	○
高	SR:29→34	○	○	○→○	○→○	○→○	○→○	○	○	△
高	ST:28→32	○	○	○→○	△→○	△→○	△→○	○	○	△
低	M:20→28	○	△	○→○	○→○	×→○	△→△	○	○	○
低	K:18→30	◎	○	○→○	○→○	×→○	×→○	◎	○	○
低	UM:24→32	○	○	○→○	○→○	○→○	△→○	○	△	△
低	OD:22→28	△	○	○→○	△→○	△→○	△→○	○	△	△
低	MD:20→30	◎	△	○→○	○→○	△→○	△→○	◎	◎	○
低	WN:18→24	○	○	△→○	△→○	○→○	△→○	○	△	△
低	YO:17→21	△	△	△→○	×→○	×→○	△→△	△	△	△

評価をできるだけ客観的なものとするために表中の各達成度の4段階評価や各トランザクションの詳細な分類については，大学教員と中学校教員の合議で行った．

　事前のMRTが伸びにくい30点台では，伸びがマイナスになった場合を×，0点以上2点以下を△，3点以上5点以下を○，6点以上を◎．一方事前MRTが伸びやすい10・20点台では，伸びがマイナスになった場合を×，0点以上4点以下を△，5点以上7点以下を○，8点以上を◎とした．また，MRTの事後得点の20点以下を×，21点以上28点以下を△，29点以上35点以下を○，36点以上を◎とした．

　また，半球概念や球形概念，左右概念等は，全部できていない場合は×，一部できている場合は△，全部できている場合は○の3段階とし，相互作用のある対話の深さ，新しい考え方の発見，学習全体を通した学習者に与えた教育効果については，対話等がない場合を×，十分でない場合を△，良好な場合を○，大変良好な場合を◎の4段階で評価した．

　データの総数は少なく，多少の起伏はあるものの，全体的には，表4-24，表4-25，表4-26と同様の下記のような傾向が予察的に見られる．

　ア．平面型モデルよりも，平面・立体一体型モデルの方が，具体的に観察
　　　して疑問点を確かめたり，矛盾点に気づいたりしやすい面が見られる．
　イ．話合いの当初よりも後半の方が意見が絡みやすい．
　ウ．空間認識能力のペアの組み合わせにおいて③＜②＜①の順に操作的ト
　　　ランザクションが多く発生しやすい．一見，空間認識能力の高い学習者
　　　同士は，話合いが深まるかと思えたが，お互いに相手の意見を尊重し，
　　　あるいは答えが早く見つかってしまい，深い疑問を感じないため，本来
　　　地球も動くために，最初の考えでは行き詰まって複雑な現象に気づいた
　　　り，納得・理解できなくて対立して議論が深まったりするような状況に
　　　はならなかった．

　このような対話をもたらした学習の結果，各学習者の天文分野の空間認識

能力（ボールの満ち欠け）や汎用の空間認識能力（心的回転課題：MRT）がどのように変化したかについて表4-27をもとに若干の考察を試みる.

この予察的な研究から心的回転課題（MRT）の最終結果から見ると，①空間認識能力の高い学習者と低い学習者のペア≧②高い学習者同士のペア＞③低い学習者同士のペアの順になるが，MRTの伸びで考えると，①空間認識能力の高い学習者と低い学習者のペア＞③低い学習者同士のペア＞②高い学習者同士のペアの順になる.

また，学習前のMRTの得点が同じ34点の学習者S（ペアの相手は高い学習者）とU（ペアの相手は低い学習者）の学習後のMRT得点で，Sは36点で，あまり伸びていないのに対して，Uは，40点（満点）と大きく伸びている.その他の要因を見てみると，Uは，当初は自信を持っていた自分の考えににについてSよりも対話の相手から鋭い指摘を比較的多く，かつ，強く受けて考え方を大きく変えるなど，高い学習者のペア（表4-25）よりも高い学習者と低い学習者のペア（表4-24）の方が操作的トランザクションが多く見られ，議論が深まっていると考えられることから，これらの相手の考えを互いに変更するような操作的トランザクションを多く含む真剣な議論が影響したのではないかと考える.

このような議論が起こる背景として，空間認識能力の高い学習者の対話の相手として，Uのように対話の相手が空間認識能力の低い学習者の方が，より幅広い疑問点が相手から受けやすく，さらに，相手を納得させるためにより深い説明をしたりする必要があるなど刺激が大きい可能性等が考えられる.

これに対して，Sのように空間認識能力の高い学習者同士の場合，理解がある程度進んでいるため，根本的な質問が少なく，対話の分類では，操作的トランザクションは比較的少ない.大きな間違いは起こりにくく，比較的淡々と結果を積み重ねていく学習が進行している.そのため，大きな発見や対話によって深い思考に入り込むことも少なかった.MRTの伸びも，平均2.7点で，空間認識能力が高い学習者と低い学習者のペア（平均5.7点）ほど

伸びなかった．

　一方，空間認識能力の高い学習者と低い学習者をペアにしたときは，空間認識能力の低い学生が，「時間を忘れて，夢中になれる面白さがあった．私自身もはまりました．」と述べているように，特に学習意欲も向上したと考えられる．

　また，空間認識能力の高い学習者と低い学習者をペアにしたときに，高い学習者が，当初予想して自信満々で平面モデルで予想した「火星」という仮説を一体型モデルで証明して見せますと言っていたものの，実際には，一体型モデルで具体的にシミュレーションしながら，空間認識能力の低い学習者と操作的トランザクションを含む深い議論の末，「金星」であることを立証したことで，最後に「超おもしろい」と発言が出たように，空間認識能力の高い学習者にとっても，低い学習者とともに深い議論をしたことがさらなる意欲の向上につながったのではないかと考えている．また，平面型モデルと平面・立体一体型モデルを両方経験した学習者の感想の中で「ホワイトボード（平面型モデル）では，満ち欠けを頭の中で再現できなかったが，どうしても解決できない矛盾に気づき，仮説を修正し，修正仮説を立証することもできた．」，「平面・立体一体型モデルでは，何度もシミュレーションすると，次第に頭の中でも立体を想像できるようになってきた．」という感想（表4-28）から論理的思考力および，空間認識能力の視覚化についても効果があったと考えられる．

　このような予察的な研究から，空間認識能力を事前に調査して空間認識能力の高い学習者と低い学習者をペアにする指導法の教育効果が上がるのではないかという集団構成法の仮説を，より比較対象を増やして，詳細な調査を，実際に月や惑星の満ち欠け等の天体学習を行う中学生3年生の多くの学習者で検証を行った．次の項でその詳細を述べる．

表 4-28　ホワイトボードのみの平面型モデルと平面・立体一体型モデルを両方使った
　　　　 大学生の教材・教具の感想

> 　教室を暗くして月の満ち欠けについて受け身的に観察したことはあるが，このように仮説を立てて検証するやり方は，自分の課題としてとても主体的に取り組むことができた．
> 　ホワイトボードは，お互いの考えを書きながら高め合うことはできたが，満ち欠けについて頭の中に再現することができず，間違いの方向に進んでいた．一体型モデルの最初の方は前の思い込みを検証しようとあがいていたが，最後にどうしても解決できない矛盾に気づき，仮説を修正し，修正仮説を立証することもできた．大変興味づけられた．

> 　ホワイトボードだけでは，おそらくこうだろうという思い込みもあって，かなり回り道をしていた．平面・立体一体型モデルを使って考えると，分かりやすく，写真と日時から謎の星を考える今回の授業は，とても頭を使い，空間の見る力がついたと思う．
> 　実際にこのように，立体モデルと作図を使って何度もシミュレーションすると，次第に頭の中でも立体を創造できるようになってきたと思う．時間を忘れて，夢中になれる面白さがあった．私自身もはまりました．

4.5.3　中学校3年生の天体授業における検証

　大学生による予察的調査での知見をもとに，中学校3年生の空間的思考を必要とする学習において，事前に学習者の空間認識能力を調査し，その能力の高い学習者と低い学習者を組み合わせる指導方略の教育効果を検証することとした．本集団は，人数が多く，心的回転課題の得点分布がほぼ正規分布となった．

目的：中学3年生の天文分野の学習前後に心的回転課題と天文分野の空間認識能力簡易調査法で調査し，①高い学習者と低い学習者（実験群），②高い学習者同士（対照群），③低い学習者同士（対照群），④中位の学習者同士（対照群）の4種類の学習班で一体型モデルを使って，同じ探究学習を行わせ，空間認識能力の高い学習者と低い学習者をペアにする集団構成法の効果を検証する．

対象：広島県内の国立大学附属B中学校3年生2クラス80名

期間：平成27年11月中旬から12月中旬

方法：1．天文分野学習前に心的回転課題（MRT）を行って，その成績から

表 4-29　空間認識能力の上位群・中位群・下位群の分け方と該当生徒数

	心的回転課題（MRT）の得点	該当生徒数
上位群	31点以上	24人
中位群	21点から30点まで	24人
下位群	20点以下	27人

上位群，中位群，下位群を識別する．人数が多く，正規分布に近い分布のため絶対的な数値に基づいて上位群と下位群を約4分の1ずつ，かつ，同点の学習者が同一のグループに分かれるように注意しながら表4-29のようにグループ分けを行った．

2．空間認識能力の高い学習者同士，低い学習者同士，中位の学習者同士及び高い学習者と低い学習者の各組み合わせを作る際には，その集団の中で空間認識能力の高低に偏りがでないように，サイコロを使ってランダムに配置した．その上で，検証授業を行うクラスの学級担任教諭と理科担当教諭に事前に人間関係等の別の要因の影響が出ないように組み合わせの調整をお願いした．また，当日の欠席等があった場合でも異性や人間関係等で話合いがしにくい状況にならない組み合わせとなるようにお願いし，理科担当教諭が検証授業を進行した．

3．天文分野の一連の学習の中で空間的思考を必要とするある一部の授業において，2で定めたペアで学習を行った．実際に行った天体分野の学習を表4-30に示す．その中で，※印をつけた授業において方法2で定めたペアで学習した．

4．天文分野前半学習後に心的回転課題を行って，学習による得点の伸びを各ペアで比較する．

結果と考察：

①空間認識能力の高い学習者と低い学習者（実験群），②高い学習者同士（対照群），③低い学習者同士（対照群），④中位の学習者同士（対照

表 4-30　天文分野前半の授業

時間	授業内容
1	事前の MRT および月の見え方に関する調査
2	太陽の日周運動
3	太陽の年周運動（季節が生じる理由）
4	太陽の年周運動（季節による昼の長さと南中高度）
5	星の日周運動（理科室内でプラネタリウムによる星空観察）
6	星の日周運動と年周運動の関係（※） ホワイトボードで日にちや時間によるオリオン座の位置関係を考察
7	星の年周運動（※） ホワイトボードで日にちや時間によるオリオン座の位置関係を考察
8	惑星の種類と特徴（講義形式）
9	金星1（※） 　写真を見せて個人で何という星か考えさせてノートに記入させ，次に，それぞれの意見を2人組で話し合いさせながら考えさせた（平面・立体一体型モデルやフラフープ使用）．30分程度話し合いをさせた後に，片付けさせて，ノートだけの状態にして話し合いの結果を各自のノートにまとめさせた．
10	金星2（※） 　まず，写真の正体を考えるポイントになったことを生徒から引き出して，共有するために板書．次に，これらの条件を満たす星は何があるか再度話し合いをさせて，水星か金星であることを共有した． 　その上で，前回の説明や結論を振り返らせて，平面・立体一体型モデルやフラフープ等で再考させたのちに，それらを片付けさせて，ノートだけの状態にして話し合いの結果を各自のノートにまとめさせた． 　最後に，金星の見え方についての作図のしかたを簡単に説明した．
11	金星の作図の説明・月の見え方
12	金星のプリント演習・望遠鏡の仕組み（説明）・日食
13	望遠鏡の仕組み（観察）・月食・恒星（太陽）・事後の MRT

※：方法2で定めたペアで学習した授業

検証授業の様子：

図 4-51

生徒2名に対して半分黒く塗ったスチロール球4個以上とホワイトボードをセットにした平面・立体一体型モデルと天体X（金星）の連続写真が配布される．

図 4-52

教師は探究活動を見守り，生徒からの質問に答え，必要に応じて探究学習が深まるように助言等を行う．一体型モデルは，思考やコミュニケーションを促進するツールとしてフラフープ等複数のモデルを一緒に活用することもできる．

図 4-53

生徒は希望に応じて多くのスチロール球を使用することができる．

多く使えるため，8方位にすべて置いて満ち欠けを同時に観察することができ，わかりやすい．

立体モデルのすぐ横に見かけの形を描くことができる．

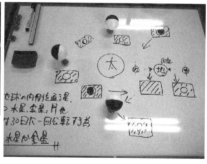

図 4-54

ホワイトボードには，立体モデルを見た時の満ち欠けの形だけでなく，そのように考えた理由を説明するために文章（左下）や図（右側中央）を使って自由に書き加えることもできる．時系列的な軌跡も記録して考察することもできる．

群)の4種類の学習班で同様に平面・立体一体型モデルを使って探究学習を行わせ,①〜④の各グループのMRT平均点の推移を表4-31に示す.その際,MRT得点が,10点台はすぐ上がるのに対して,30点台後半からは特に上がりにくくなる実態を考慮して,10点台からの伸びを低く,逆に30点台後半からの伸びを高く評価した.その評価の客観性を保つため,中学校理科教員2名,大学教員2名の合議によってMRTの伸びの大きい順にA＞B＞Cの3段階で評価した.

表4-31に,高い学習者と低い学習者のペアの場合,低い学習者のMRT得点の伸びが10点台で大きく,空間認識能力の低い学習者にとって,空間認識能力の高い学習者とペアにすることは,大きな意義があると考えられる.

また,空間認識能力の低い学習者同士のMRT得点の伸びは,高い学習者と低い学習者のペアの伸びに次いで,大きく伸びている.このことは,平面・立体一体型モデルを使った探究学習を行う中で,具体的に立体モデルを動かし,シミュレーションしたことが影響したのではないかと考えられた.そこで,授業者に該当生徒の様子についてインタビューしたところ,課題に対して,平面・立体一体型モデル等の道具を用いて積極的に話し合っており,目標への到達とともに,実際に授業後に空間認識能力が大きく上昇し,積極的な学習と能力の向上が見られたことが判明した.さらに,空間認識能力の低い者同士のペアよりも高い者と低い者のペアの方が伸びが大きいことから,高い者と低い者をペアにする方が低い者同士のペアよりも効果が大きいものと思われる.

これに対して,空間認識能力の高い学習者同士のペアにおけるMRTの伸びは,空間認識能力の高い学習者と低い学習者のペアの空間認識能力の高い学習者の伸びよりも小さい傾向がある.空間認識能力の高い学習者同士では,根本的な質問等を受けてあまり深い議論に

表 4-31 ペアの種類と MRT 得点の推移

ペアの種類と空間認識能力	ペアの性別 （ ）：人数	各グループ内の MRT 平均得点			
		学習前	学習後	差	評価[※2]
高い学習者 と 低い学習者	男子ペア (12)	高（6）：32.5	35.5	3.0	B
		低（6）：17.0	27.6	10.6	A
	女子ペア (12)	高（6）：32.6	38.2	5.6	A
		低（6）：16.3	29.0	12.8	A
	男女平均 (24)	高（12）：32.6	36.9	4.3	B
		低（12）：16.7	28.3	11.6	A
	高低全体平均	24.7	32.6	7.9	A
高い学習者 と 高い学習者	男子ペア（8）	33.4	36.0	2.6	C
	女子ペア（4）	32.0	35.5	3.5	B
	男女平均（12）	32.9	35.8	2.9	C
低い学習者 と 低い学習者	男子ペア（4）	12.5	20.0	7.5	C
	女子ペア（8）	12.9	21.0	8.1	B
	男女平均（12）	12.8	20.7	7.9	B
中位学習者 と 中位学習者	男子ペア（14）	26.9	30.0	3.1	C
	女子ペア（13）[※1]	24.5	30.0	5.5	B
	男女平均（27）	25.6	29.9	4.3	C

※1：人数の関係で一班のみ3人
※2：MRT 得点が10点台はすぐ上がり，30点台後半は上がりにくくなることを考慮中学校理科教員2名，大学教員2名で，A：学習による伸びが大きい，B：中位，C：小さいの3段階で合議で評価を決定した．

なるような状況が少なく，授業者によると，お互いの意見が一致するとそれ以上の議論をしない傾向が比較的男子同士で多く見られたとのことであった．逆に，高い学習者と低い学習者のペアの場合は，頻繁に説明をし，その中で満ち欠けの原理や距離と見かけの大きさ等の議論や説明を多く行ったことが，空間認識能力の高い学習者にとっても

空間認識能力を高めたものと考えられる．

　また，比較的空間認識能力が低い学習者や空間的思考が苦手であると言われる女子のMRTの得点が比較的伸びていることから，空間的思考を伸ばす意味で，この平面・立体一体型モデルは，空間的思考が苦手な学習者がじっくり考えるのに有効だったではないかと考えられる．授業者にインタビューしたところ，女子同士が活発に議論していることが挙げられた．今後，時間をかけて何が空間的思考が苦手な学習者の議論を活発にしたのか対話分析やインタビューにより詳細な分析を行う予定であり，結果は改めて報告する．

第6節　まとめ

　A中学校での授業で2つのモデルを使用して効果を検証した．その結果，平面・立体一体型モデルの方が平面型モデルよりも惑星の見え方の原理の解明，議論の深まり，心的回転等の汎用の空間認識能力においてもより高い効果が見られた．特に，学習前に心的回転能力が低い学習者においては，平面・立体一体型モデルの方が平面型モデルよりも心的回転能力が大きく向上した．

　A中学校での天体Y（火星）の連続写真からYの正体を探る問題解決場面においては，平面・立体一体型モデルの方が平面モデルよりも空間的な思考をともなった問題解決が図られたことが班で作成したホワイトボードや各個人が作成したマイアイデアシートの記述から判明した．

　また，同時に行った本探究学習のビデオ映像の分析から，連続写真からホワイトボード上の立体モデルを使って未知の星Yの軌道等を推測し，各時期の地球及び天体Yの位置，観測地点の位置，地平線，満欠等を記録・検証しながら探究する際，班員同士の考えが可視化され，コミュニケーション促進がされ，対話の質が向上する状況が見られた．

また，汎用の空間認識能力への影響を調べるため，本取組の前後に心的回転課題（Vandenberg & Kuse, 1978）を実施したところ，平面・立体一体型モデルの方が平面型モデルよりも心的回転の能力を向上させていることが判明した．

さらに，小中高の現職教員を対象としたワークショップにおいて平面・立体一体型モデルを作成してそれを使って火星や金星の満ち欠けの探究学習を体験してもらい，その後アンケートを行った．その結果，同一天体の満ち欠けや見かけの大きさの様子を同じ倍率で半年間連続して撮影した写真からその天体の正体を探る問題解決場面においては，平面・立体一体型モデルの方が平面モデルや立体モデルの片方のみよりも空間的な思考をともなった問題解決が図られると評価された．

従来は，個人差が大きいと推測されるにもかかわらず，生徒の空間認識能力を把握しないまま，授業を進めることが一般的である．教員のインタビュー調査から得た「空間認識能力が低い学習者同士では，探究学習が難しいのではかいか？」との留意点をもとに，学習前に簡易調査で空間認識能力を把握し，まず，中学・高校の教員免許取得を目指す大学生に協力を求めて，空間認識能力の高い学習者と低い学習者を様々に組み合わせる指導法でどれが最も効果的であるかを調べた．

その結果，被験者は少ないものの空間認識能力の高い学習者と低い学習者を組み合わせた場合が空間認識能力の高い学習者同士や，低い学習者同士と比べて議論が活発で，かつ班で探究学習中に書き込んだホワイトボードや個人で書き込んだワークシートの記述から理解が進んでいるとの感触を得たため，学習前に心的回転テストやボールの満ち欠けのアンケート等で空間認識能力を簡易に調査して，空間認識能力の高い学習者と低い学習者を組み合わせる集団構成法を考案し，B中学3年生で集団構成法の教育効果を検証した．

①空間認識能力の高い学習者と低い学習者（実験群）と②高い学習者同士，③低い学習者同士，④中位の学習者同士（各対照群）で一体型モデルを用い

た授業の前後の心的回転テストの得点を比較すると、①が他のものより空間認識能力の伸びが高いことがわかった（別の中学3年生でも同様の結果が得られ、論文として公表予定である．）ことから、この集団構成法の有効性が明らかになった．

また、その際に、この集団構成法を取り入れた授業には、天文分野の学習前に心的回転テストのように解けそうで解けない問題に対する悔しさや再挑戦させて欲しい等の発言が生徒から出るなど、頭の中の空間的に思考する部分を刺激して、空間的に考えることに対する興味づけや課題意識が生まれる効果もあると考えられる．

この集団構成法の効果を検証する為に学習の前後に行った空間認識能力の調査（天文分野の空間認識能力簡易調査と汎用の空間認識能力を調べる心的回転課題）を行うシステム（図4-55）は、理科の学習や天文分野の学習の大きな目標でもある空間認識能力の形成を掲げながらなかなか真の正体に迫れなかっ

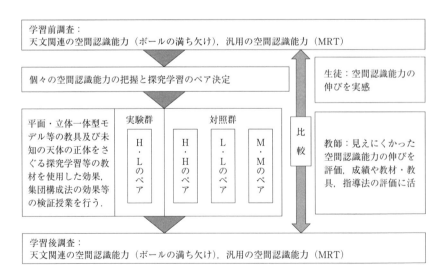

図4-55 空間認識能力の調査を学習前後に行うシステムの活用
　　　図中のH，M，Lは、学習前の空間認識能力が高い、中位、低い学習者を表す．

た状況を脱却し，まさに空間認識能力の向上を評価することを可能とするものと考えられる．

　従来は，テスト等による天文関係の問題が解けるかどうかで天文学習の成果を判断されていたが，本研究で空間認識能力を簡易に測定できるようになったため，教師にとっては，将来の職業（STEM関係はもとより，会社への入社試験で広く実施されるSPIにおいても空間認識能力を調べる問題が見られる）や学業で重要となる空間認識能力を育成することを前提に目標と評価を設定することが可能となるものと考えられる．また，生徒にとっても，従来は，天文内容の知識理解を深めることが，学習の目的であったものが，空間認識能力を育成し，さまざまな分野に応用・活用することも学習の目標としたり，事前と事後のMRTの得点を比較するなどを通して学習による空間認識能力の成長を実感したりすることが可能な状況となったと考えられる．

　現在，中学校理科の天文分野の学習の前後に実施したMRTの結果を学習者自身に比較させて，学習による抽象的な汎用能力の向上を実感させる指導法の効果や，教師自身の指導方法のふりかえり（内観）の効果について詳細に検証中で，近く公表する予定である。

　従来は，空間認識能力の育成を目標に掲げながら，空間認識能力を簡易に捉える方法がなかったために，教師も学習者も天文学習の内容理解によって達成度を確認していたが，今後は，空間認識能力という汎用能力を育成することも学校教育現場の実際の目標の1つとなる可能性を秘めていると考えられる．

終　章　本研究の総括と今後の課題

　本研究は，子どもの空間認識能力の実態を把握し，中学校理科天文分野において子どもの空間認識能力を伸長させる教育課程及び教材・教具の開発とそれらを用いた効果的指導法を考案することを目的として行ったものである．
　本章では，上述の目的を達成するために行った研究の結果を整理し，それをもとに，本研究の成果をまとめた．そして，最後に今後の課題を列挙した．

第1節　本研究の成果

　本研究の目的を達成するために行った研究の結果を整理すると，以下のようになる．

○空間認識能力の育成を目標とし，これまで理科の天文分野やさまざまな教科の学習を通して多くの研究が行われながら，空間認識能力そのものの捉えについて研究者の間で用語や解釈が異なっていた．さらに，簡易に調査できる共通の「ものさし」もなく，実態が不明確で，さまざまな教科や生活経験等で培ってきたと考えられるレディネスの把握や目標・評価の計画等が立てにくく，教材や教育方法の改善等も難しかった．そのため，結果的に学習者に天文分野を理解するために十分な空間認識能力を育成できず，さらに，さまざまな分野に活用可能な汎用性の高い空間認識能力も培うことが困難であった．
　そこで，空間認識能力について，発達心理学や実験心理学，心理測定学的研究を中心とした先行研究のレビューに基づき，天文分野を通して育成可能な空間認識能力について理論的に整理した．そして，本研究では，天

文学習において方位認識（空間定位）の重要性を考慮し，空間認識能力をLohman *et al.*(1983) や Juhel(1991) らの空間関係，空間定位，空間視覚化の大きく3つにわける分類に沿って天文分野の学習との関連を次のように明らかにした．

①比較的単純なイメージを素早く心的に回転させる空間関係の能力は，北極上空から地球を見た時，自転する地球上の日本列島の位置や方向・形を素早く考える時等に必要とされると考えられる．この他にも，地上から見た時の北や南の空の星座の動きと星座の形や向きを考えたり，星の動きを透明半球の内側（地上）から見たり，逆に外側（宇宙）から見たりして，よく手を左右にひねって回しながら考える時などにも活用されると考えられる．

②異なる位置から見たらどのように見えるかを想像する空間定位の能力は，透明半球の中央に立ったとした時の方位や配置を考えたりする際に必要とされると考えられ，その他にも，逆に，透明半球の外側から，方位を考えたり，地球儀上のさまざまな場所に立ったとして，そこから見た時の方位や配置を考える時などにも活用されると考えられる．

③複雑な図形を心的に操作したり，条件を変更したらどのように見えるか考える空間視覚化の能力は，宇宙から見ると，地球上から見えた天体の動きは地球がどのように動くと見えるのかを立体モデルや透明半球等を使って時間をかけて繰り返して考えることを通して頭の中で天体の動きをイメージして考えたり，月や惑星の見かけの大きさや形等を予測したりする時，また，宇宙から見える様子から地上から見える様子を想像して，推敲しながら連続的に動かす際等に必要とすると考えられる．

　また，金星や火星等の惑星の満ち欠けを考える際に，地球も他の惑星と同様に太陽の周りを公転することを考慮して見え方等を考えたり，赤道付近や北極付近に立って見た時の太陽や星の動きを考えたりする際にも，必要と考えられる．

○学校現場で空間認識能力の育成を図る教育を普及させるためには，まず，通常のテスト等では測りにくい空間認識能力について，学校現場で短時間で簡易に，しかも，学習者にとって興味を持って取り組めるような調査法が必要である．そこで，本研究で天文分野に関する空間認識能力を簡易な短時間の調査で学習者の半球概念，球形概念，左右概念，能動的視点移動能力，受動的視点移動能力まで多種多様に測定できる方法を開発した．また，この天文分野に関する空間認識能力の調査法の信頼性を同簡易調査の左右対称の設問において同様に回答されていることから信頼性を確認した．さらに，この評価方法はその信頼性と利便性から他の研究においても使用されており，教材の教育効果の検証方法として活用されている（例えば，平松ら，2011；2012；小松ら，2013；桐生，2015；栗原ら，2015など）．

○空間認識能力は，理科の天文分野だけでなく，数学，図工，美術，技術，体育などさまざまな教科によって育成することが可能であり，実際の学習者は，さまざまな教科や生活から，空間認識能力を伸長させていると考えられるが，教育研究を行う側が各教科で空間認識能力についての用語や測定法がバラバラであった．そこで，天文分野だけでなく，さまざまな教科等で活用可能で，研究者間で共通認識できる汎用の空間認識能力がどの程度育成できるかについても調べることができるようにするため，天文分野で育成可能な空間認識能力を含み，簡単に実施でき，世界的に広く用いられている心的回転課題の中で，いずれの国・地域・文化圏にも公平で，学校現場で容易に実施できるものとして多くの心的回転課題の中から，紙と鉛筆で，短時間で簡単に実施できる Vandenberg & Kuse (1978) の心的回転課題を選定した．天文分野の学習の前後に天文分野に関する空間認識能力簡易測定法と心的回転課題をともに実施して，天文分野固有の空間認識能力を育成することで，汎用の空間認識能力も関連して育成できたかについて簡易に調査できるようにした．

○小学校4年生から中学校3年生までの各学年の児童・生徒を対象に空間認識能力の縦断的調査を小学校4年・5年・6年・中学校1年で天文分野を学習する1985年，及び小学校4年と中学校3年で天文分野を学習する2007年に実施し，小・中学校の理科や算数・数学カリキュラムの影響等を考察し，学習者の縦断的な空間認識能力の育成の実態を調査し，次のことが判明した．

①満ち欠けの明暗の境界がカーブすることがわかる球形概念は，小学校の主に地上からの視点で行う天文学習により正答率が伸びる．

②学習者にとって振り返って見る場合は左右が逆になることがわかる左右概念は，中学校の宇宙からの視点も含む天文学習で伸びる．

③球形概念，左右概念とも中学校3年生でも学習者全体の約4割の定着にとどまっている厳しい実態がある．

④特に左右概念は，学習直後は伸びるが，その後定着しにくく，忘れやすい．特に女子に顕著であり，追加調査から満ち欠けを空間的に思考し理解するのではなく，満ち欠けの形と順番を覚えようとしていることが分かった．

⑤同じ心的視点移動をする場合でも，観察者を心的に移動しながら，固定した観察対象を見る（能動的視点移動の）方が，観察者を固定して観察対象を心的に動かしながら見る（受動的視点移動）よりも正答率が高く，月の満ち欠けを行う前に，立体モデル等を使って，地球の満ち欠けの学習をする方が，理解しやすいことが示唆される．

⑥小学生でも全問正解者がいる反面，大学生でも全くできない者もいるなど個人差が非常に大きく，また，他の学習内容の定着状況と空間認識能力のレベルが異なる場合があり，知識・理解を問うテストと一致しない．

○天文分野に関連した空間認識能力を調べる課題とともに，汎用の空間認識能力を調べる課題を学習前後に同時に実施することにより，開発した教

材・教具や学習指導法が天文分野に特有の空間認識能力だけでなく，汎用の空間認識能力の育成にも効果があるかを簡易に調べることができるようになり，今回開発した教材・教具及び指導法による授業（たとえば，第4章の表4-30）の結果，天文学習固有の空間認識能力が伸び，かつ汎用の空間認識能力も伸びていることが判明した（表4-31）．このように教師にとっては，教材・教具や学習指導法の工夫・改善の指標となると共に，各教科で，レディネスや教育効果・カリキュラム等共通に議論するための土台ができたと考えられる．

○学習者が自由に動かしながら互いの考え方を表現し，可視化できるようにした平面・立体一体型モデルを開発した．中学生を対象とした授業において，平面・立体一体型モデルと平面型モデルを使用して効果を比較検証した結果，平面・立体一体型モデルの方が平面型モデルよりも惑星の見え方の原理の解明，議論の深まり，心的回転等の抽象的なイメージ操作等の空間認識能力においてより高い効果が見られることを明らかにした．

○従来の方法では，空間認識能力の低い学習者は，高度な空間認識能力を要する天文分野の学習が十分に効果を上げることができなかったが，学習者個人の空間認識能力を事前に簡易調査法で測定し，空間認識能力の高い学習者と低い学習者を組み合わせる班編制により，両者に，とりわけ空間認識能力の低い学習者に思考や討論の深まり，内容理解等で大きな学習効果を上げたことを明らかにした．

第2節　今後の課題

前節において本研究を総括したが，今後の課題として以下の点が挙げられる．

まず，本研究では，①小・中学校で簡易に実施でき，普及できること，②地球の自転等天文学習に深く関係する回転時の向きや形の変化に関係すること，③世界的に有名で，かつ多くの分野ですでに用いられており，さまざまな分野の研究との対比がしやすいこと等から汎用性の空間認識能力を心的回転の得点で，天文学習に関わる空間認識能力を各種空間概念が判断できるボールの満ち欠けの簡易調査で判断したが，空間的な思考をさらに多角的に判断できる調査についても模索を続ける必要があると考える．

　また，今回，心的回転の得点や各種空間認識能力が伸びた直接の原因と考えられる学習場面については，本研究では，理論的には考察したが，これらを特定する対照実験や学習者個人への追加インタビュー等は，実施できていない．

　第5章のS中学校の検証授業でも，すべての班の活動を動画で記録している．中学校3年生の進路が決定した3月に，検証授業中の動画等を一緒に見ながら，該当する場面を振り返ってインタビューした．引き続き，心的回転や各種空間概念が伸びた原因を実際に大きく伸びた生徒の対話やモデルの活用等の探究活動やホワイトボードや個人が描いた図や文章等の分析を行うことを考えている．

　一方，本研究で学習前後に心的回転課題を実施した際，学習者が心的回転課題自体や空間的に考えることへの興味を持っている姿が見られたことと今まで天体関係の複雑な問題を解くことで評価しがちだった空間認識能力が簡易に調査しやすくなったことから，中学校の理科教諭から，空間認識能力の育成を教育目標や評価の指標として使いたいとの提案を受けた．今後は，空間的な思考を深めることも学習の重要な目的や評価の1つとすることが普及できるかについても検討する必要がある．生徒にとって天文学習が，天体に関する知識・理解のみならず，併せて空間認識能力を伸ばすことも目標として取り組み，それを事前事後の簡易テストで生徒自らの成長を実感できるシステムの構築も実現可能な状況となったことから，これらの検証授業も行う

必要があると考えている.

引用・参考文献

まえがき　序章

Casey, M. B., Nuttal, R. L. & Pezaris, E. (2001). Spatial-mechanical reasoning skills versus mathematical self-confidence as mediators of gender differences on mathematics subtests using cross-national gender-based items. *Journal for Reserch in Mathematics Education*, 32, 28-57.

Colaianne, B. A. & Powell, M. G. (2011). Developing transferrable geospatial skills in a liberal arts context. *Journal of Geoscience Education*, 59, 2, 93-97.

Committee on the Support for Thinking Spatially, National Research Council of The National Academies (2006). Learning to Think Spatially: GIS as a Support System in the K-12 Curriculum. The National Academic Press.

藤井紀之・中本浩揮・幾留沙智・畝中智志・森司朗（2014）「サッカー選手のサーヴェイ的視点と心的回転能力との関係」『スポーツ心理学研究』第41巻，第2号，93-103.

藤川義範・林武広（2015）「理科の入門期における児童の方位認識に関する一考察」『日本教科教育学会誌』第37巻，第4号，63-72.

後藤幸弘・瀬谷圭太（2010）「サポートの動きを学習する「サッカー課題ゲーム」の開発とその有効性の検討－6年生児童を対象として－」『兵庫教育大学研究紀要』第37巻，121-136.

林武広（2002）「地学の学習におけるマルチメディア活用の意義と有効性」『地学教育』55(6)，245-257.

Humphreys, L. G., Lubinski, D. & Yao, G. (1993). Utility of predicting group membership and the role of spatial visualization in becoming an engineer, physical scientist, or artist. *Journal of Applied Psychology*, 78, 250-261.

清田哲男（2013）「鏡による空間認識から発展する表現活動の研究」『美術教育学』（美術科教育学会誌）34，147-159.

國本景亀（1997）「空間観念を育成するための方法論に関する研究」『高知大学教育学部研究報告』第53号，11-27.

国立教育政策研究所（2005a）平成15年度小・中学校教育課程実施状況調査　ペーパーテスト調査集計結果　Retrieved from

http://www.nier.go.jp/kaihatsu/katei_h15/H15/03001100000007003.pdf 87.
国立教育政策研究所（2005b）平成15年度小・中学校教育課程実施状況調査 質問紙調査集計結果－理科－Retrieved from
http://www.nier.go.jp/kaihatsu/katei_h15/H15/03001040000007003.pdf 127-146.
国立教育政策研究所（2005c）平成15年度教育課程実施状況調査 教科別分析と改善点（中学校・理科）Retrieved from
http://www.nier.go.jp/kaihatsu/katei_h15/H15/03001040030007004.pdf 7
栗田一良（1982）「地学領域における探究学習と科学の方法」関利一郎編『地学教育の新しい展開』東洋館出版社，44.
間處耕吉・林武広（2013）「視点移動能力の習得を重視した金星の見え方の新指導」『地学教育』66(2)，31-41.
益田裕充（2007）「学習指導要領への位置づけの変遷と子どもの空間認識に基づく発展的な学習内容の検討－「月が満ち欠けする理由」をめぐって－」『科学教育研究』第31巻，第1号，3-10.
松浦正史・松本英敏（1998）「中学生の認知過程に基づく立体描画能力の形成過程とその構成に関する研究」『科学研究費補助金（基盤研究（C）(2)）研究成果報告書』1-20.
松森靖夫（1983）「児童・生徒の空間認識に関する考察（Ⅲ）－視点移動の類型化について－」『理科教育学会研究紀要』第24巻，第2号，27-35.
三浦吉信・上之園哲也・島田和典・森山潤（2010）「中学校技術科における生徒の立体描画能力の形成を支援する製図学習の検討－立体認識能力の差異に着目して－」『兵庫教育大学教科教育学会紀要』23，17-24.
宮下孝晴・柴田純江（1997）「美術教育における空間表現の問題」『金沢大学教育学部紀要人文・社会科学編』46，47-62.
文部科学省（2008）『中学校学習指導要領解説－理科編－』大日本図書
Nuttal, R. L., Casey, M. B. & Pezaris, E. (2005). Spatial ability as a mediator of gender differences on mathematics test. In A. M. Gallagher & J. C. Kaufman (Eds.) *Gender differences in mathematics: An integrative psychological approach* (pp. 121-142) New York: Cambridge University Press, 121-142.
Shea, D. L., Lubinski, D. & Benbow, C. P. (2001). Importance of assessing spatial ability in intellectually talented young adolescents: A 20-year longitudinal study. *Journal of Educational Psychology*, 93, 604-614.
土田理・小林学（1986）「児童・生徒の天文分野における視点移動能力の発達過程と

関係する基礎研究」『地学教育』39(5), 167-176.

上月幸代(2011)「小学校算数における「空間的思考力」に関する研究」『平成23年度兵庫教育大学大学院修士論文』

http://repository.hyogo-u.ac.jp/dspace/handle/10132/3978.

Wai, J., Lubinski, D. & Benbow, C. P. (2005). Creativity and occupational accomplishments among intellectually precocious youth: An age 13 to age 33 longitudinal study. *Journal of Educationnal Psychology*, 97, 484-492.

第1章

荒井豊(2005)「方位認識の育成」『理科の教育』第54巻, 通巻631号, 60-63.

Barratt, Ernest S. (1953). An Analysis of Verbal Reports of Solving Spatial Problems as an Aid in Defining Spatial Factors *The Journal of Psychology: Interdisciplinary and Applied*, 36, 1, 17-25.

Borke, H. (1975). Piaget's mountain revisited: Changes in the egocentric landscape. *Developmental Psychology*, 11, 240-243.

Carroll, J. B. (1993). Human Cognitive Abilities: A Survey of factor analytic studies. New York: Cambridge University Press.

Cooper, LYNN A. (1975). Mental Rotation of Random Two-Dimensional Shapes *Cognitive Psychology*, 7, 20-43.

Cooper, LYNN A. (1976). Demonstration of a mental analog of an external rotation. *Perception and Psychophysics*, 19(4), 296-302.

Cooper, L. A. & Shepard, R. N. (1973). Chronometric studies of the rotation of mental images. In W. G. Chase (Ed.). *Visual information processing*. New York: Academic Press, 75-176.

Deary, L. J., 繁桝算男訳(2004)『知能』岩波書店

Eliot, J. & Dayton, C. M. (1976). Egocentric error and the construct of egocentrism. *The Journal of Genetic Psychology*, 128, 275-289.

Finke, Ronald A. (1989). Principles of mental imagery. The MIT Press.

Flavell, J. H. (1977). The development of Knowledge about Visual perception. In H. E. Howe (Ed.), *Nebraska Symposium on Motivation*, 25. Loncoln University of Nebraska Press. 43-76.

French, John W. (1951). The description of aptitude and achievement tests in terms of rotated factors. *University of Chicago Press*.

藤川義範・林武広(2015)「理科の入門期における児童の方位認識に関する一考察」

『日本教科教育学会誌』第37巻，第4号，63-72.
藤木晶子・菱谷晋介（2010）「空間記憶に及ぼす眼球運動の選択的干渉及び促進効果：身体運動との比較に基づいて」『認知心理学研究』第8巻，第1号，23-31.
藤木晶子・菱谷晋介（2011）「空間記憶に及ぼす身体運動による選択的干渉及び促進効果：眼球運動との比較に基づいて」『認知心理学研究』第9巻，第1号，27-35.
Guilford, J. P. & Lacey, John I. (1947). Printed classification tests, *Army Air Forces Aviation Psychology Program Research rept.* No. 5, Washington, D. C., U. S. Government Printing Office.
林昭志・竹内謙彰（1994）「幼児に他者視点取得は可能か？―Boke 課題の再検討―」『教育心理学研究』42，129-137.
Hirata, G. T. (1983). Spatial perspective-taking as related to spatial ability and task demand characteristics. *Dissertation Abstracts International*, 43, 2936-2937.
Hobson, R. P. (1980). The question of egocentrism: The young child's competence in the coordination of perspectives. *Journal of Child Psychology*, 21, 325-331.
Hogan, T. P. (2007). Psychological testing: A practical introduction, 2nd ed. John Wiley & Sons, Inc. 繁桝算男・椎名久美子・石垣琢麿訳（2010）『心理テスト―理論と実践の架け橋―』培風館
Horn & Cattell (1966). Refinement and test of the theory of fluid and crystal intelligence. *Journal of educational Psychology*, 57, 253-270.
Jolicoeur, P. (1985). The time to name disoriented natural objects. *Memory & Cognition*, 13(4), 289-303.
乾（2007）「イメージ生成とイメージ障害の認知脳理論」『現代思想』35，233-245.
乾敏郎・吉川佐紀子・川口潤（2010）『よくわかる認知科学』ミネルヴァ書房.
Juhel, J. (1991). Spatial abilities and individual differences in visual processing. *Intelligence* 15, 117-137.
Kosslyn, S. M., Thompson, W. L., Wraga, M. & Alpert, N. M. (2001). Imagining rotation by endogenous versus exogenous forces: Distinct neural mechanisms. *Neuroreport*, 12, 2519-2525.
子安増生（1990）「幼児の空間的自己中心性（Ⅰ）―Piaget の3つの山問題とその追試研究」『京都大学教育学部紀要』36，81-114.
子安増生（1991）「幼児の空間的自己中心性（Ⅱ）―Piaget の3つの山問題の関連実験と理論的考察」『京都大学教育学部紀要』37，124-154.
Lohman, D. F. & Kyllonen, P. C. (1983). Individual differences in solution strategy

on spatial tasks. In R. F. Dillon, and R. R. Shmeck (Eds.), *Indivisual differences in cognition* (*Vol. 1*). Academic Press.

松森靖夫 (1982)「方位概念に関する認識能力の分析—東・西・南・北について—」『地学教育』45(2), 65-73.

松森靖夫・関利一郎 (1981)「児童・生徒の空間認識に関する研究（Ⅱ）—方向概念を中心として—」『日本理科教育学会研究紀要』第22巻, 第2号, 61-71.

McGee, M. G. (1979). Human spatial abilities: Psychometric and environment, genetic hormonal, and Neurological influences. *Psychological Bulletin* 86, 889-918.

McGrew, K. S. (2005). The Cattell-Horn-Carroll theory of cognitive abilities. In D. P. Flanagan & P. L. Harrison (Eds.) *Contemporary intellectual assessment: Theories, tests, and issues.*, 2nd ed. 136-181 New York: Guilford Press.

McGrew, K. S. (2009). CHC theory and the human cognitive abilities project: Standing on the shoulders of the giants of psychometric intelligence research, *Intelligence*, 37(1), 1-10.

McGrew, K. S. (2012). Implications of 20 Years of CHC Cognitive-Achievement Research: Back to the Future and Beyond CHC. Woodcock-Munoz Foundation Press. (http://www.woodcock-munoz-foundation.org/press.html)

宮崎清孝 (1983)「認知心理学のイメージ研究」水島恵一・上杉喬編『イメージの基礎心理学』誠信書房 158-191.

宮崎清孝・上野直樹 (1985)『コレクション認知科学3 視点』東京大学出版会

三好一英・服部環 (2010)「海外における知能研究と CHC 理論」『Tsukuba Psychological Reseach』40, 1-7.

森一夫 (1992)「第1章 発達と自然認識」, 日本理科教育学会編『理科教育学講座 第2巻 発達と科学概念形成』東洋館出版社

森本信也 (1983)「児童・生徒の認知能力を基礎にした理科カリキュラム評価(1)—英国におけるカリキュラム評価プロジェクト CSMS を事例として」『日本理科教育学会研究紀要』第24巻, 第1号, 31-40.

村上宣寛 (2007)『IQ ってホントは何なんだ？ 知能をめぐる神話と真実』日経 BP.

岡田大爾 (1985)「児童・生徒の天文分野での空間概念の形成に関する研究」『日本理科教育学会第35回全国大会東京大会要項』39.

Pavio, A. (1971). *Imagery and verbal processes*. New York: Hort, Rinehart & Winstone.

Pavio, A. (1977). Imagese, propositions and knowledge. In J. M. Nicholas (Ed.) *Im-

ages, perception, and knowledge, Dortrecht: Reidel.

Pearson, D. G. & Sahraie, A. (2003). Oculomotor control and maintenance of spatially and temporally distributed events in visuo-spatial working memory. *Quarterly Journal of Experimental Psychology*, 56A, 1089-1111.

Piaget, J. & Inhelder, B. (1948). *La représentation de l'espace chez l'enfant*. Paris: Press Universitaire de France. (Translated by F. J. Langdon & J. L. Lunzer 1956 *The child's conception of space*. London: Routledge & Kegan Paul.) Selected Works books.google.com 2013.

Piaget, J. & Inhelder, B. (1967). *The child's Conception of space*, (F. J. Langdon & J. L. Lunzer, Trans.). New York: Norton. 151-374, 376 (Original work published 1948).

Piaget, J., Inhelder, B. & Mayer, E. (1967). The co-ordination of perspectives. In *The child's Conception of space*. New York: Norton.

Pylyshyn, Z. W. (1973). What the mind's eye tells the mind's brain: A critique of mental image. *Psychological bulletin*, 88, 1-24.

Roff, M. F. (1951). Personnel selection and classification procedures: Spatial tests, a factorial analysis. *USAF School Aviat. Med. Project Report*, Proj. No. 21-29-002.

笹岡貴史・朝倉暢彦・乾敏郎 (2011)「手の生体力学的拘束に依存した物体の景観比較照合過程への促進効果」『電子情報通信学会技術研究報告』HIP.

Schneider, J. & McGrew, K. (2012). The Cattell-Horn-Carroll model of intelligence. In D. Flanagan & P. Harrison (Eds.), *Contemporary Intellectual Assessment: Theories, Tests, and Issues* (3^{rd}ed.). New York: Guilford, 99-144.

Shayer, M. & Adey, P. (1981). Towards a Science of Science Teaching. Heineman, 72-79.

Shepard, R. N. & Feng, C. (1972). A chronometric study of mental paper folding, *Cognitive Psychology*, 2, 230.

Shepard, R. N. & Metzler, J. (1971). Mental rotation of three-dimensional objects, *Science*, 171, 701-703.

Shepard, R. N. & Podgorny P. (1978). Cognitive processes that resemble perceptual processes. Estes, W. K. (Ed), *Handbook of learning & cognitive processes*: V. *Human information* Oxford, England: Lawrence Erlbaum. 189-237.

椎名久美子 (2014)「知能の構造と空間認識能力」『図学研究』143号, 61-63.

Snyder, L. H., Grieve, K. L., Brotchie, P. & Andersen, R. A. (1998). Separate body- and world-referenced representations of visual space in parietal cortex. *Nature*, 394, 997-891.

Spearman, C. (1904). General intelligence, objectively determined and measured. American Journal of Psychology, 15, 201-293.

鈴木忠（1991）「幼児の空間表象と身体定位効果」『教育心理学研究』39，173-181.

鈴木忠（1993）「幼児の空間的自己中心性の捉え直し」『教育心理学研究』41，104-114.

鈴木忠（1996）『子どもの視点から見た空間的世界－自己中心性を越えて』東京大学出版会

竹内謙彰編著（1998）『空間認知の発達・個人差・性差と環境要因』風間書房

田中芳子（1968）「児童の位置関係の理解」『教育心理学研究』16，23-35.

Thurstone, L. L. (1935). The Vectors of the Mind, Chicago: University of Chicago Press.

Thurstone, L. L. (1938). The perceptual factor Psychometrika VOL. 3, NO. 1, 1-17.

Thurstone, L. L. & Thurstone, T. G. (1941). Factorial studies of intelligence. *Psychometric Monographs*, Vol. 2, 94.

蔦岡英明・鈴木靖幸・山下直美・加藤浩・鈴木栄幸・久保田善彦（2014）「天文学習のためのタンジブル学習環境に関するデザイン原則の検討」『科学教育研究』第38巻，第2号，65-74.

宇尾野卓巳・古屋光一（2011）「中学校理科における方位概念の認識」『臨床教科教育学会誌』第11巻，第2号，1-8.

渡部雅之（2002）「3つの山問題　研究の動向と展望－空間的視点取得の生涯発達理論構築に向けて－」『滋賀大学教育学部紀要』教育科学，52，101-116.

Werner, H. & Kaplan, B. (1963). Symbol Formation: An Organismic-Developmental Approach to Language and the Expression of Thought. New York: Wiley

Wexler, M., Kosslyn, S. M. & Berthoz, A. (1998). Motor processes in mental rotation. *Cognition*, 68, 77-94.

Woodman, G. F., Vogel, E. K. & Luck S. J. (2001). Visual search remains efficient when visual working memory is full. *Psychological Science*, 12, 219-224.

Woodman G. F. & Luck S. J. (2004). Visual search is slowed when visuospatial working memory is occupied. *Psychonomic Bulletin and Review*, 11, 269-274.

Zimmerman, W. S. (1953). A revised orthogonal rotation solution for Thurstone's original primary mental abilities test battery. *Psychometrika*, 18, 77-93.

第 2 章

Cooper, L. A. & Shepard, R. N. (1973). Chronometric studies of the rotation of mental images. In Chase, W. G. (Ed.). *Visual information processing*. New York: Academic Press, 75-176.

Flavell, J. H. (1977). The development of Knowledge about Visual perception. In Howe, H. E. (Ed.), *Nebraska Symposium on Motivation*, 25. Loncoln University of Nebraska Press. 43-76.

平松良夫・岡田大爾・野瀬重人（2011）「天体の学習における視点変更モデルによる立体的な空間の把握Ⅲ－太陽，地球，月の3次元教材による授業と空間概念の形成－」『日本地学教育学会第65回全国大会講演予稿集』46-47．

平松良夫・岡田大爾・野瀬重人・土屋新太郎（2012）「天体の学習における視点変更モデルによる立体的な空間の把握Ⅳ－太陽，地球，月の3次元教材による授業と空間概念の形成－」『日本地学教育学会第66回全国大会講演予稿集』38-39．

Hirata, G. T. (1983). Spatial perspective-taking as related to spatial ability and task demand characteristics. *Dissertation Abstracts International*, 43, 2936-2937.

川道拓東（2006）「メンタルローテーションにおける脳内情報処理機構の研究」『東京大学大学院工学研究科電子工学科博士論文』1-87．

小松祐貴・渡邉悠也・鬼木哲人・中野博幸・久保田善彦（2013）「月の満ち欠けの理解を促すAR教材の開発と評価」『科学教育研究』第37巻，第4号，307-316．

子安増生（1990）「幼児の空間的自己中心性（Ⅰ）－Piagetの3つの山問題とその追試研究－」『京都大学教育学部紀要』36，81-114．

栗原淳一・濤崎智佳・小林辰至（2015）「中学生の満ち欠けの理解に関わる空間認識能力に影響を及ぼす諸要因の因果モデル」『理科教育学研究』第56巻，第3号，325-335．

水野りか（2004）『Webを介してできる基礎・認知心理学実験演習』ナカニシヤ出版．

森田徹，櫻井美幸，後藤友美，木藤恒夫（2010）「心的回転実験のコンピュータ・プログラム」『久留米大学文学部紀要』情報社会学科編，第5号，1-15．

Piaget, J. & Inhelder, B. (1948). *La représentation de l'espace chez l'enfant*. Press Umiversitaires de France. (Translated by F. J. Langdon & J. L. Lunzer 1956 *The child's conception of space*. Routledge & Kegan Paul.) Selected Workz *books.google.com* 2013.

Pohl, C. Q. (2003). The Mental Cutting Test "Schnitte" and the Picture Rotation

Test-Two New Measures to Assess Spatial Ability. *INTERNATIONAL JOURNAL OF TESTING*, 3(3), 219-231.

Shepard, R. N. & Metzler, J. (1971). Mental rotation of three-dimensional object, *Science*, 171, 701-793.

土田理・小林学（1986）「児童・生徒の天文分野における視点移動能力の発達過程と関係する基礎研究」『地学教育』39(5), 167-176.

Vandenberg, S. G. & Kuse, A. R. (1978). Mental rotations, a group test of three-dimensional spatial visualization *Perceptual and motor skills*, Volume 47, Issue, 599-604.

第3章

縣秀彦（2004a）「小学生の天文・宇宙に関する理解とその改善策の提案－天動説支持者は4割－」『2004年日本天文学会秋季大会発表予稿集』276.

縣秀彦（2004b）「理科教育崩壊－小学校における天文教育の現状と課題」『天文月報』97(12), 726-736.

江田稔・三輪洋次編著（1999）『新中学校教育課程講座理科』ぎょうせい，105, 151.

江田稔・三輪洋次編著（1999）『中学校学習指導要領の展開理科編』明治図書，143-144.

国立教育政策研究所，学習指導要領データベースインデックス
　　http://www.nier.go.jp/guideline/

松田卓也（2004）「初等中等教育の改善に向けて，教育懇談会の設置について」『天文月報』97(12), 726.

文部科学省（2008a）『小学校学習指導要領解説理科編』14-17, 30-31, 41-42, 66-67.

文部科学省（2008b）『中学校学習指導要領解説理科編』12-15, 86-90.

文部省（1978a）『小学校指導書理科編』25-26, 41-43, 72-73, 88-90, 105-106.

文部省（1978b）『中学校指導書理科編』76-82.

文部省（1989a）『小学校指導書理科編』42-43, 70-71, 84-86.

文部省（1989b）『中学校指導書理科編』72-79.

文部省（1999a）『小学校指導書理科編』26-28, 37-39.

文部省（1999b）『中学校指導書理科編』86-91.

岡田大爾（2009）「児童・生徒の天文分野における空間認識に関する研究－1985年当時の視点移動能力について－」『地学教育』62(3), 79-88.

岡田大爾・松浦拓也（2014）「天文分野における児童・生徒の空間認識に関する比較研究」『図学研究』143号，3-10.

吉川弘行ら（2005）『未来へひろがるサイエンス2分野下』啓林館，88．

第4章

Berkowitz, M. W. & Gibbs, J. C. (1983). Measuring the developmental features of moral discussion. *Merrill-Palmer Quarterly*, 29, 399-410.

Harman, K. L., Humphrey, G. & Goodale, M. A. (1999). Active manual control of object views facilitates visual recognition, *Current Biology*, Volume 9, Issue 22, 1315-1318.

国立教育政策研究所（2005）「平成15年度小・中学校教育課程実施状況調査 ペーパーテスト調査集計結果」Retrieved from http://www.nier.go.jp/kaihatsu/katei_h15/H15/03001100000007003.pdf 87．

国立教育政策研究所（2005）「平成15年度小・中学校教育課程実施状況調査 質問紙調査集計結果―理科―」Retrieved from http://www.nier.go.jp/kaihatsu/katei_h15/H15/03001040000007003.pdf 127-146．

国立教育政策研究所（2005）「平成15年度教育課程実施状況調査 教科別分析と改善点（中学校・理科）」Retrieved from http://www.nier.go.jp/kaihatsu/katei_h15/H15/03001040030007004.pdf 7．

鎌田正裕・鷹西智子（2007）「地球上からの金星の見え方と金星・太陽・地球の位置関係を同時に表現できるペーパークラフト教材」『地学教育』60(5)，161-169．

間處耕吉・林武広（2013）「視点移動能力の習得を重視した金星の見え方の新指導」『地学教育』66(2)，31-41．

中高下亨・前原俊信・永田邦生・荒森圭子（2002）「中学校天体学習に関する一考察―自作モデル教材の導入と生徒の方位概念―」『理科教育学研究』第43巻，第2号，35-44．

中野英之（2008）「外惑星の位相変化と視運動を理解するための教材の開発」『地学教育』61(2)，49-57．

岡田大爾（1985）「児童生徒の天文分野での空間概念の形成に関する研究」『日本理科教育学会第35回全国大会発表要旨集』231．

岡田大爾（1995）「空間概念を促進する金星の満ち欠けの指導」『中学校理科教育実践講座』Vol. 8，ニチブン，97-105．

岡田大爾（2004）「子ども達が自ら問題解決の必要感をもつ事象提示の在り方の実践的研究」『臨床教科教育学会誌』第3巻，第1号，83-87．

岡田大爾（2009）「児童・生徒の天文分野における空間認識に関する研究―1985年当時の視点移動能力について―」『地学教育』62(3)，79-88．

岡田大爾（2013）「時空間の謎解きに誘う平面・立体一体型モデルとそれを用いた天体教材づくり」『日本地学教育学会第67回全国大会現職教員向けワークショップテキスト』3-7.

岡田大爾・松浦拓也（2014）「天文分野における児童・生徒の空間認識に関する比較研究」『図学研究』143号，3-10.

岡田大爾・松浦拓也・松永武（2013）「惑星の満ち欠けの学習に関する実践的研究―空間的な思考の深まりと転移を中心として」『日本理科教育学会中国支部大会発表論文集』23.

岡田大爾・松浦拓也・小野瀬倫也（2014）「惑星の見え方の学習における平面・立体一体型モデルの評価―現職教員による評価を基盤として―」『地学教育』67(3)，91-102.

岡田大爾・小野瀬倫也（2010）「時間空間概念を深める課題提示の方法と対話分析」『日本地学教育学会第64回全国大会講演予稿集』92-93.

岡田大爾・竹野英敏（2002）「マルチメディアシミュレーションを使った子どもの思考力を伸ばす工夫」森本信也編著『論理を構築する子どもと理科授業』東洋館出版社，174-183.

小野瀬倫也（2009）「3年単元「地球と宇宙」」森本信也・横浜国立大学理科教育学研究会編著『子どもの科学的リテラシー形成を目指した生活科・理科授業の開発』東洋館出版社，379-396.

Presson, C. C. & Motello, D. R. (1994). Updating after rotational and translational body movements: Coordinate structure of perspective space. *Perception*, 23, 1447-1455.

Sasaoka, T., Asakura, N. & Inui, T. (2009). A visuomotor contribution to enhanced object recognition: compatibility between object rotation and hand movement during active exploration ―*Perception ECVP abstract*, ―perceptionweb.com

Shen, J. & Confrey, J. (2007). From conceptual change to transformative modeling: A case study of an Elementary teacher in learning astronomy. *Science Education*, 91(6), 948-966.

高垣マユミ・中島朋紀（2004）「理科授業の協同学習における発話事例の解釈的分析」『教育心理学研究』52，472-484.

高垣マユミ（2005）『授業デザインの最前線　―理論と実践をつなぐ知のコラボレーション』北大路書房

Vandenberg, S. G. & Kuse, A. R. (1978). Mental rotations a group test of three-dimensional spatial visualization. *Perceptual and Motor Skills*, 47, 599-604.

Wexler, M. & Kosslyn, S. M. & Berthoz, A. (1998). Motor processes in mental rotation. *Cognition*, 68, 77-94.

終　章

平松良夫・岡田大爾・野瀬重人（2011）「天体の学習における視点変更モデルによる立体的な空間の把握Ⅲ－太陽，地球，月の3次元教材による授業と空間概念の形成－」『日本地学教育学会第65回全国大会講演予稿集』46-47.

平松良夫・岡田大爾・野瀬重人・土屋新太郎（2012）「天体の学習における視点変更モデルによる立体的な空間の把握Ⅳ－太陽，地球，月の3次元教材による授業と空間概念の形成－」『日本地学教育学会第66回全国大会講演予稿集』38-39.

平松良夫・岡田大爾・野瀬重人・光畑幸司・真柴英樹（2013）「天体の学習における視点変更モデルによる立体的な空間の把握Ⅴ－小学生・中学生の空間認識の比較－」『日本地学教育学会第67回全国大会講演予稿集』16-17.

平松良夫・岡田大爾・野瀬重人・中山紀子（2015）「天体の学習における視点変更モデルによる立体的な空間の把握Ⅵ－中学生の空間認識の調査結果についてのχ^2乗検定－」『日本地学教育学会第69回全国大会講演予稿集』24-25.

Juhel, J. (1991). Spatial abilities and individual differences in visual processing. *Intelligence* 15, 117-137.

桐生徹（2015）「天体分野における「月の満ち欠け」に対する授業方略と評価」『上越教育大学教職大学院研究紀要』第2巻，19-27.

小松祐貴・渡邉悠也・鬼木哲人・中野博幸・久保田善彦（2013）「月の満ち欠けの理解を促すAR教材の開発と評価」『科学教育研究』第37巻，第4号，307-316.

栗原淳一・濤崎智佳・小林辰至（2015）「中学生の満ち欠けの理解に関わる空間認識能力に影響を及ぼす諸要因の因果モデル」『理科教育学研究』第56巻，第3号，325-335.

Lohman, D. F. & Kyllonen, P. C. (1983). Individual differences in solution strategy on spatial tasks. In R. F. Dillon and R. R. Shmeck (Eds.), *Indivisual differences in cognition* (*Vol. 1*). Academic Press.

Vandenberg, S. G. & Kuse, A. R. (1978). Mental rotations, a group test of three-dimensional spatial visualization. *Perceptual and Motor Skills* 47, 599-604.

付 属 資 料

本研究で使用した心的回転課題

Vandenberg & Kuse（1978）で使用された心的回転課題を翻訳
堤江美子日本図学会会長（当時）及び椎名久美子副会長より提供
（練習問題と調査問題の20問中5問）

付属資料　171

MRT

実施日＿＿＿＿　年＿＿　月＿＿　日＿＿
生年月日　昭和＿＿＿　年＿＿　月＿＿　日＿＿
男・女　クラス＿＿＿　番号＿＿＿＿

　このテストは，図の中から，与えられた立体と同じ立体を選び出すものです．もとの立体と選び出してもらう立体の違いは，空間の中で異なる角度で置かれていることだけです．下の5つの図を見てください．これらの図では，同じ立体が空間の中で異なった角度で置かれています．図を見て，それぞれ異なった角度で空間の中に置かれているものの，すべての図が同じ立体を示していることを確認してください．

　下の2つの図には，上の図とは別の立体が描かれています．下の図に示す立体は，上の5つの図に示した立体に重ね合わせることはできません．ここで，立体を上下ひっくり返さなくても判別できることに注意してください．この立体は上の図に示す立体とは異なった立体であることを確認してください．

　さて，いくつかの例題を解いてみましょう．これから示す各問題で，右に並んだ4つの図に示す立体から，左端の図に示された立体と同じ立体を2つ選んでください．各問題において，4つの図のうち必ず2つ同じ立体があります．同じ立体の下の四角内に×印をつけ，異なった立体には印をつけないでください．最初の例題を，正解とともに示します．

☒　　　☐　　　☒　　　☐

Go to the next page

Adapted by S.G. Vandenberg, University of Colorado, July 15, 1971
Revised instructions by H. Crawford, U. of Wyoming, September, 1979

次に示す3つの例題を解いてみてください．右に並んだ4つの図のうち，左端に与えられた立体と同じ立体を表しているのはどれでしょうか？　同じ立体は必ず2つあります．同じ立体に×印をつけてください．

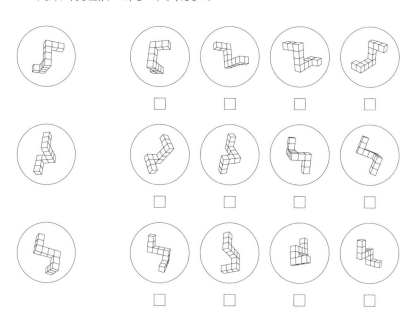

正解：　（1）"1"番目と"2"番目の立体が同じ
　　　　（2）"1"番目と"3"番目　　　〃
　　　　（3）"2"番目と"3"番目　　　〃

　このテストは2つの問題群からなっています．それぞれの問題群を解く時間は各　3分間　です．それぞれの問題群は2頁からなっています．第一の問題群を解き終わったら，指示があるまで待っていてください．指示があるまで，第二の問題群を解かないでください．各問題の正解は，必ず2つあることに注意してください．

　正確さを失わない程度で，できるだけ早く問題を解くようにしてください．なお，このテストの結果は，正しく異同を判定できたか否かで評価いたします．従って，当てずっぽうで答えた場合には，評価点は高くなりませんので注意してください．

指示があるまで頁を開かないでください．
---

3 PART 1

次頁に進んで下さい．

あとがき

　著者は，大学2年生で空間認識能力の重要性を強く認識してから現在まで空間認識能力の形成を教育研究の1つの柱としてきた．地質単元と天文単元を中心に小学生から大学生・教員までの空間認識能力の実態とそれを向上させるためのカリキュラム，及び平面・立体一体型モデル等の様々な教具の開発，学習前に空間認識能力の簡易調査を行って空間認識能力の高い学習者と低い学習者のペアによる探究学習等の学習集団や教育方法を研究してきた．また，近年は，学習前後の空間認識能力の比較による学習者の自己評価，学習者の対話や思考活動，能力変化の分析による教育方法に対する教員の振り返り，他教科や日常に影響を及ぼす汎用能力の向上やそれらへの意欲喚起について研究を続けてきた．

　平成29年3月に学習指導要領が公示され，そのポイントに知識の理解の質を高め資質・能力を育む「主体的・対話的で深い学び」があげられ，教育内容の主な改善事項の1番目に，言語能力の確実な育成として，立場や根拠を明確にした議論が，2番目に，理数教育の充実として，見通しをもった観察・実験（小中：理科）などの充実によりさらに学習の質の向上が求められた．筆者が長年児童・生徒に強い疑問を持たせ，子ども達が仮説を立てて立体と平面を往還しながら議論し，空間認識能力を向上させるために表象的トランザクションや操作的トランザクションに着目して探究する過程での議論の深さを考察してきたことは，「何ができるようになるか」「何のために学ぶのか」の明確化を求め，他教科や日常生活にも応用可能な汎用的な能力の向上を求める新学習指導要領が目指す教育目標の達成にも少なからず役立つものと確信している．

　一方で，次に示す月の満ち欠けの形，見える時間帯，方角を示した早見表

月の満ち欠けの形，見える時間帯，方角の相互関連早見表

（児童が学校外で習ったものを土井徹氏が聞き取りしたもの．児童は，となざぼと「し」等の配列を覚えるだけで，上弦の月は12時に東の空に見え，南の空に下弦の月が見えるのは6時だとわかる．）

	と（東）	な（南）	ざ（西）	ぼ（北）
6（時）	し（新）	下（弦）	ま（満）	上（弦）
12（時）	上（弦）	し（新）	下（弦）	ま（満）
18（時）	ま（満）	上（弦）	し（新）	下（弦）
0（時）	下（弦）	ま（満）	上（弦）	し（新）

のように子どもを暗記に走らせ，あるいは，何も考えずに問題を解くためのツールを与えることは，将来を担う子ども達の絶好の成長の機会を奪うもので，教材を通して夢中になって謎解きをしながら楽しく空間認識能力を獲得できるようにするため大人側の自覚を願うものである．

岡田大爾

著者略歴

岡田　大爾（おかだ　だいじ）

1961年　広島県に生まれる
1983年　横浜国立大学教育学部中学校課程理科地学科卒業
1985年　横浜国立大学大学院教育学研究科修士課程理科教育学専攻修了
2016年　博士（教育学）広島大学
現　在　広島国際大学教職教室教授

主要著書及び主要論文

『中学校理科教育実践講座　地球と宇宙』（共著）ニチブン，1995年.
『論理を構築する子どもと理科授業』（共著）東洋館出版社，2002年.
『理科重要用語300の基礎知識』（共著）明治図書，2002年.
『豊かな自然観と学ぶ力を育てる「選択理科」と「総合的な学習」』（共著）ニチブン，2003年.
『中学校　楽しい自由研究』（共著）東洋館出版社，2004年.
『動画データベース　地学分野』（共著）東京書籍，2005年.
『中学校理科「観察・実験」を通して広がる学習・深まる学習発展的な学習事例集第2分野』（共著）東洋館出版社，2005年.
『子どもの科学的リテラシー形成を目指した生活科・理科授業の開発』（共著）東洋館出版社，2009年.
"Japanese astronomy curriculum in schools and spatial cognitive ability of elementary and junior high school students"（単著），*Journal for Geometry and Graphics*, Vol. 22, 2018.

主要受賞

1999年度日本理科教育学会研究奨励賞
2009年度日本地学教育学会優秀論文賞
2015年度日本図学会教育論文賞

空間認識能力の育成をめざす天文分野の学習指導

2018年2月15日　初版第1刷発行

著　者　　岡　田　大　爾
発行者　　風　間　敬　子

発行所　　株式会社　風　間　書　房

〒101-0051　東京都千代田区神田神保町1-34
電話 03(3291)5729　FAX 03(3291)5757
振替 00110-5-1853

印刷　太平印刷社　　製本　高地製本所

©2018　Daiji Okada　　　　　　NDC分類：375
ISBN978-4-7599-2213-4　　Printed in Japan
〔JCOPY〕〈(社)出版者著作権管理機構　委託出版物〉
本書の無断複製は、著作権法上での例外を除き禁じられています。複製される場合はそのつど事前に(社)出版者著作権管理機構（電話 03-3513-6969、FAX 03-3513-6979、e-mail: info@jcopy.or.jp）の許諾を得てください。